知られざるクリシュナムルティ

AS THE RIVER JOINS THE OCEAN

G.ナラヤン 著
G. Narayan

チャンドラモウリ・ナルシプル 編
Chandramouli Narsipur

玉井辰也 訳　高岡 光 解説

太陽出版

知られざるクリシュナムルティ

AS THE RIVER JOINS THE OCEAN

by G. Narayan

Krishnamurti Foundation of America
PO Box 1560, Ojai, California, 93024 USA
E-mail : kfa@kfa.org. Website : www.kfa.org
For more information about J. Krishnamurti, please visit:
www.jkrishnamurti.com
Japanese translation published by arrangement with
Krishnamurti Foundation of America through
The English Agency (Japan) Ltd.

編者緒言

　ジッドゥ・ナラヤンは、並外れて優しく快活な人柄だった。そしてジッドゥ・クリシュナムルティに関係した多くの人々と同様、その全人生と全情熱を惜しみなくクリシュナムルティの教えの修得に捧げた。

　ナラヤンはその師を主として三つの側面から見ていた。第一に、同世代のインド人と同様、クリシュナムルティを常に〈世界教師〉――すべての幻想、とりわけ他によって自由を得んと使嗾（しそう）する幻想からの自由を世界に教示してやまない存在――として認識していた。第二に、三十年以上もの歳月を教職に捧げた人間として、ナラヤンはクリシュナムルティを、同じ危機意識を有する人々と共に、真の教育への道を模索し、自らの洞察を惜し気もなく開示し共有する稀有で無比の教師として見ていた。ナラヤンのこの回想録には、この二つの観点が深く浸透している。しかし、第三の観点として、本書で明らかにされたクリシュナムルティの神秘的側面こそ、上記二観点にも増してナラヤンにとっては真実だったのである。

ナラヤンは、私にとって義兄、親友、そして賢明な助言者だった。そのナラヤンにとって、クリシュナムルティの存在は、この三側面を同時に統べるものであり、この三側面は不可分のものだった。本書を貫くクリシュナムルティに対するこの統合的把握こそ、この回想録を魅力的かつ後世に残る歴史的資料として極めて意義あるものとしているのである。

クリシュナムルティに関しては、メアリ・ルティエンスやププル・ジャヤカール[1]による伝記の他に、多くの記録、回想録、編集物が出版されているが、各々の作品は、ナラヤンがいみじくも述べたように「時の厳しい試練を経なければならない」。実は彼自身がこれら著作を熟知もしくは関係してきたのだが、その彼が私に親しく語ったことがある。クリシュナムルティを熟知していると思う人間万人が各々の回想録を書いたとしても、「クリシュナムルティとは何者か?」

という問いに確信をもって答えることは不可能だ、と。だが、ナラヤンにはそのような疑問の余地はなかった。彼は、その師に対する自身の把握をより明確にするために、当回想録を執筆したのだから——クリシュナムルティが逝去して三年半後の一九八九年、ヴァサンタ・ヴィハールにおいて、一頁一頁、日を継いで。その叙述は簡明ながら真実、独創、深い感動に満ち、その教えを学ぶ人すべてにとって貴重なものと言える。そして、ナラヤンを知り、クリシュナムルティに会ったことのある人なら、この回想録から「クリシュナムルティとは何者か？」[2]という問いに対する自分独自の解答に至る上で、必ずや何らかの示唆を得ることだろう。

三十五年に及ぶ沈黙の証人として、その証言を開示するに当たり、ナラヤンは読者に対し、クリシュナムルティへの簡明かつ剴切（がいせつ）な紹介を果たすと共に、自身の歩みの謙虚な回想もここで初めて明かされる。さらに重要なのは、クリシュナムルティとの出会いからその死の日まで、ナラヤンが自身をその教えの真摯な一学徒以上の存在とは見做していないということだ。

本書出版の計画が話し合われた際、ナラヤンも正確な記録保存のために自身の歩みや家族に関する情報を本書に付加することが必要だという点には同意した。同時に、この件に関して、ナラヤンは、自らの妹であり私の妻であるインディラを通して、情報は記述の必然性と時系列の伝記的枠組みの中で提供されるべきであり、その条件下でのみ彼の回想録を自由に再構成することが許されるという意思を伝えてきた。さらに、クリシュナムルティとの面談の記録や記述はそのまま保存し、変更や編集を一切加えるべきではないことも強調した。

また、クリシュナムルティとの面談の際に記述される多くの人名、地名等が、読者にとって馴染みが薄く、それらに関する補注が有益だと思われた。そこで、ナラヤンとの最後の面談（一九九五年）の際に得たノートに基づき、編者が、文中に補足情報、巻末に補注を加えた。なお、ナラヤンの原文中「Krishnaji（クリシュナジ）」とあるところは、そのまま残し、〝K〟と書かれたところは、すべて「Krishnamurti（クリシュナムルティ）」に書き換えた。

ナラヤンの教示に従い、引用は通常、S・ラーダクリシュナン博士の訳——『ブラフマ・スートラ』、『ダンマパダ』、『バガヴァッド・ギーター』、あるいはサンスクリット語句の注解等に関して——を用いた。また、ラーマクリシュナ・ミッションやラマナ・アシュラム刊のサンスクリット作品の英訳を用いた箇所もある。

ナラヤンの「瞑想」を本書各章の前後に置いた。*「瞑想」はナラヤンの内的生活を反映すると同時に、クリシュナムルティの教えがいかにその生に深く浸透しているかを示している。

私の希(ねが)いは、この小著が、他の書籍や二千万余語に及ぶその教えと共に、クリシュナムルティという存在に対し、新たな洞察を与えることだ。クリシュナムルティ自身が一九八六年二月に端的に言明した「人類が、この存在（ボディ）に比すべき他の存在、あるいはその中で働くかの至高の叡智を見出すことは決してないだろう――今後数百年にわたって」[3]という金句と共に。

ナラヤンの母君サラダに満腔の感謝の念を捧げたい。同じく、弟妹のウマ・ラマスワミ博士、ジッドゥ・クリシュナムルティ、インディラ、ナターシャ・ナラヤン、パムパ・ナルシプル、エディ・アニ、また本書出版に関わるナラヤンの友人たちの積極的な助力と鞭撻にも感謝したい。

以下、同じく感謝を捧げたい――アメリカ・クリシュナムルティ財団、エヴリン・ブロウ夫人には、カリフォルニア州オーハイのアーリヤ・ビハーラにおける最終編集作業の際の懇切なる便宜に対して。デブラ・ケースとデボラ・ガーバーには、エイボン・オールド・ファームズ・スクール図書館の何か月にもわたるコンピューターの独占使用に対して。リタ・ザンピースには、貴重な写真の使用に対して。ジェイムズ・ポールとケンドラ・バロウズには、編集、校正への専門的貢献、示唆に富んだコメントに対して。ヴィクラム・パルチュルには、その卓抜なアート作業とデザイン力に対して。そして最後に、エドウィン・ハウスには、本回想録は出版されるべきとのナラヤンへの督励の言葉とその揺るぎなき関心に対して。

＊本書では、「ナラヤン瞑想集」として巻末に一括掲載した。

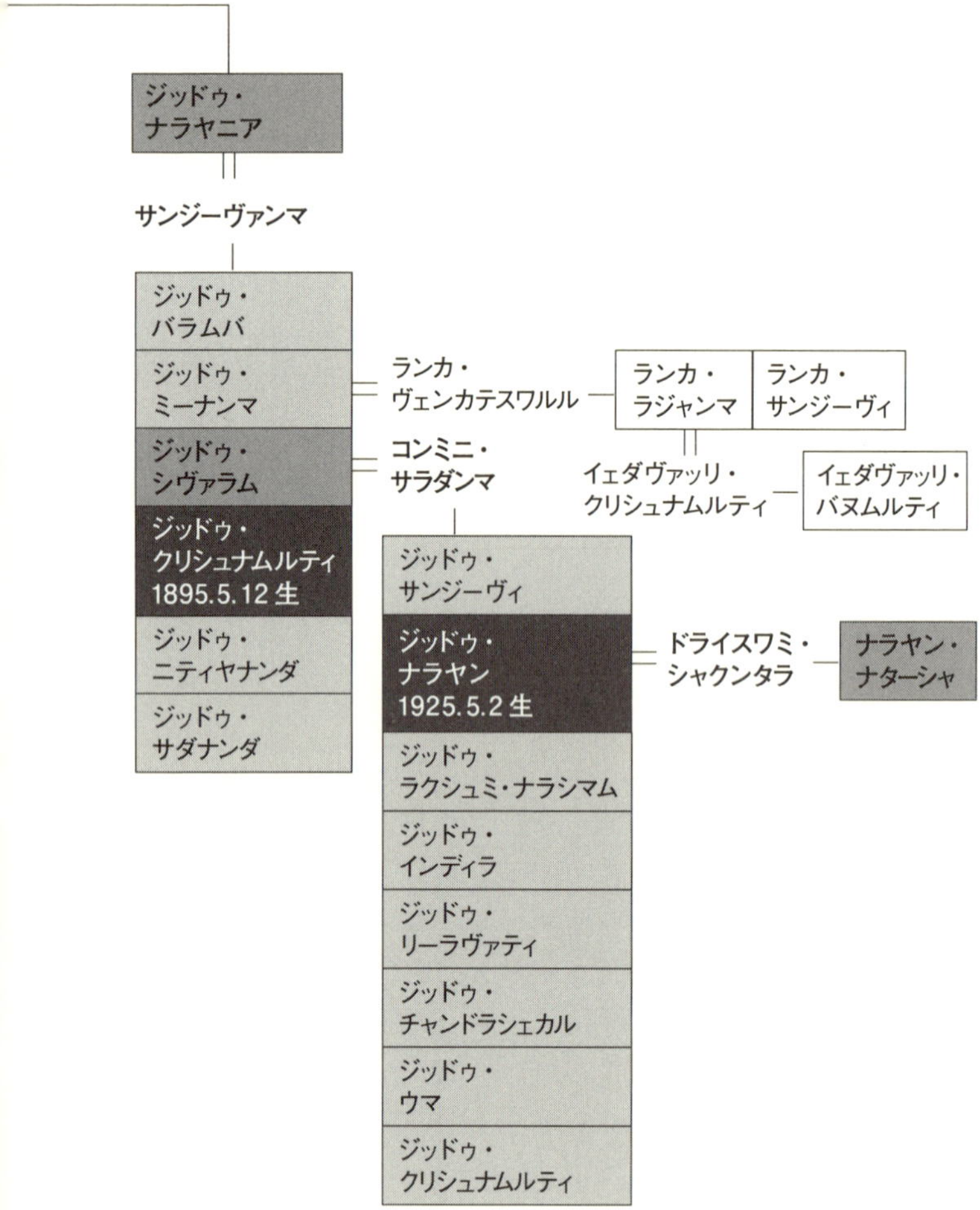

ジッドゥ・ナラヤニア
サンジーヴァンマ
ジッドゥ・バラムバ
ジッドゥ・ミーナンマ
ランカ・ヴェンカテスワルル
ランカ・ラジャンマ
ランカ・サンジーヴィ
ジッドゥ・シヴァラム
コンミニ・サラダンマ
イェダヴァッリ・クリシュナムルティ
イェダヴァッリ・バヌムルティ
ジッドゥ・クリシュナムルティ
1895.5.12 生
ジッドゥ・ニティヤナンダ
ジッドゥ・サダナンダ
ジッドゥ・サンジーヴィ
ジッドゥ・ナラヤン
1925.5.2 生
ドライスワミ・シャクンタラ
ナラヤン・ナターシャ
ジッドゥ・ラクシュミ・ナラシマム
ジッドゥ・インディラ
ジッドゥ・リーラヴァティ
ジッドゥ・チャンドラシェカル
ジッドゥ・ウマ
ジッドゥ・クリシュナムルティ

ジッドゥ・クリシュナムルティ家系図

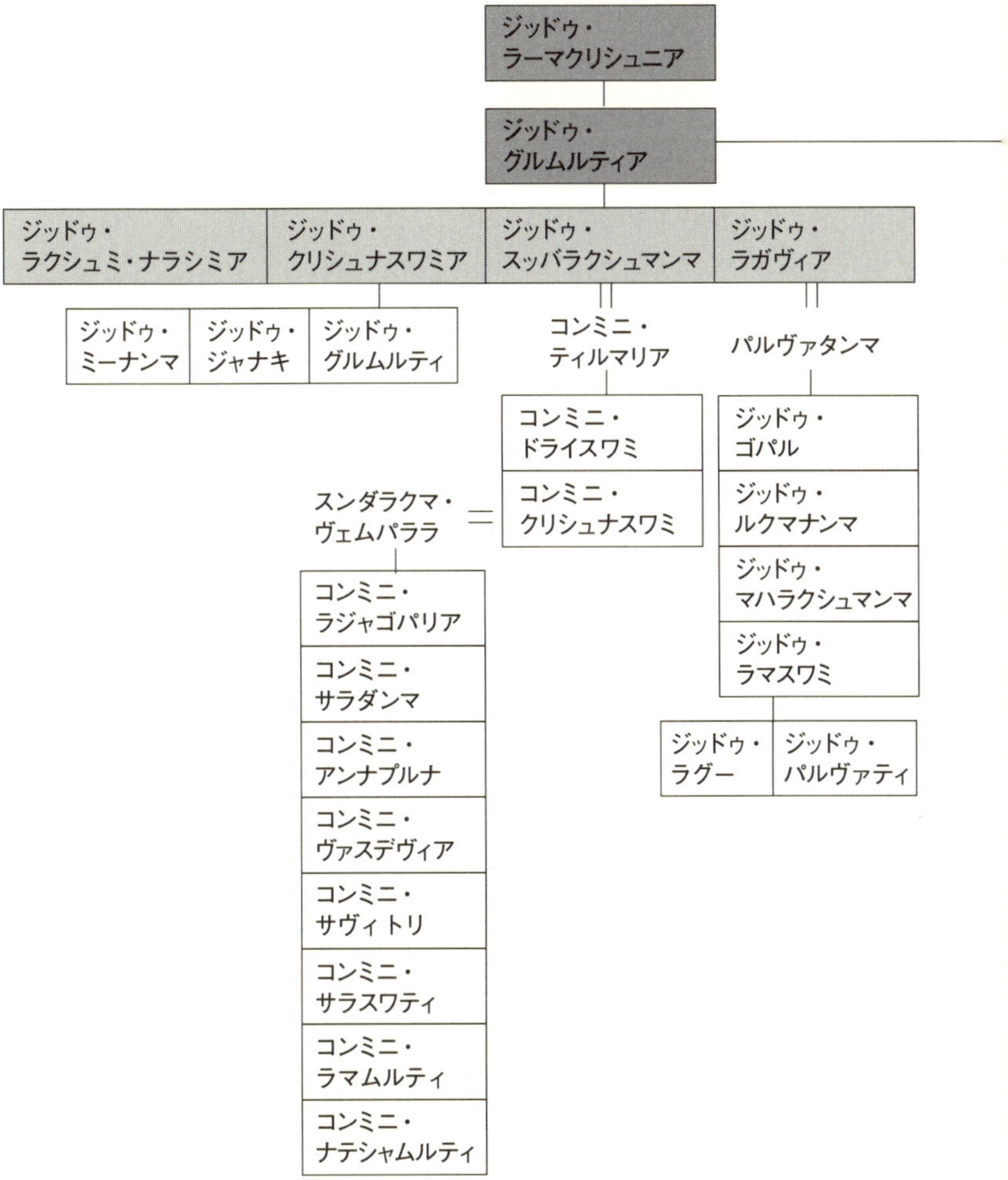

目次

伝記的背景

ナラヤンの父ジッドゥ・シヴァラムはジッドゥ・クリシュナムルティ[4]の父ジッドゥ・ナラヤニアの四人の息子のうち長男に当たる。ジッドゥ・ナラヤニアはマドラス大学に付属するクリスチャン・カレッジ初期の卒業生だった。ちなみにマドラス大学は、英国がインドに最も早く設立した三大学の一つである。卒業後、ナラヤニアはマドラス管区の英国州政府に職を得た。現在のタミル・ナドゥ州、アンドラ・プラデシュ州の半分、ケララ、カルナタカ両州の一部にわたる管区だった。そして、月百十ルピー（現在の二万ルピー相当）の年金を支給されるテシダール[5]として職を終えた。当時のインドの生活水準では、家族を養うに十分のみならず、長男のシヴァラムに医学教育を受けさせることも可能だった。ナラヤニアはテルグ語圏出身で英語を解するヴェラナドゥ・ブラーミンであり、十八世紀から十九世紀にかけて、一族の多くは、現地英国政府の行政官等として働いた。ナラヤニアの長兄、ラクシュミ・ナラシミアは、その全人生を宗教的研究と瞑想に捧げ、タミル・ナドゥ州のヴィリプラム地区では聖徳の人として知られていた。ナラヤニアの祖父、ジッドゥ・ラーマクリシュニアは、東インド会社南アルコット地区の筆頭パンディット、サッダール・アミンであり、サンスクリット語とテルグ語の古典文学の知識、ヒンドゥー教の経典や注釈に関する深い学識で知られていた。

ナラヤニアは、又従姉妹（またいとこ）のサンジーヴァンマと結婚した。彼女は、無限の寛容を有し、天賦の霊寵豊かな稀有の女性だった。夫婦は十一人の子宝に恵まれたが、無事成長したのは、クリシュナムルティを含め、四男一女だけだった。ナラヤニアは、収入のよい政府関係職に加え、相続により農地、乳牛、そして故郷に大きな家屋を取得した。故郷ティルヴァンマットゥールはタミル・ナドゥ州に位置し、女性原理アディシャクティの顕現とされる女神ムクタムバルを祀る神殿で知られた古来の聖地である。ナラヤニアは誠実、豪胆、寛仁な人柄で知られていた。

ナラヤニアは英国政府の官職を退任後、マドラスのアディヤールに居を構えた。彼はアニー・ベサントと神智学を信奉しており、しかも当のベサントから神智学協会総本部の秘教部門副書記の職に任じられたからである。一九一一年には、躊躇なくベサントとの間で、二人の息子クリシュナムルティとニティヤナンダの養子縁組と爾後（じご）の教育委託に同意した。後に一家は、クリシュナムルティとニティヤナンダの養子縁組に関する裁定をマドラス地方・高等裁判所に求めた際、有象無象の心ない報道に深く傷つくことになる。しかし、その時も、彼の怒りの矛先はレッドビーター司祭に向けられ、ベサントへの尊崇の念はいささかも揺らぐことはなかった（この件の仔細は種々のクリシュナムルティ伝に詳述されている）。

ナラヤニアは慈悲深く寛闊な人柄だった。幾多の将来ある若者達が学校・大学教育を受けられるように援助した。奉職の間、ナラヤニアは州内のさまざまな地に赴任した。長男のジッドゥ・シヴァラムは一八九三年カダパの街に生まれた。その二年後、ジッドゥ・クリシュナムルティがマダナパレで誕生する。伝えられているところによれば、クリシュナムルティの誕生前、サンジーヴァンマは、祈祷室でクリシュナ神の画像を前に祈念している時、自分の夫が何か特別な使命を託されるヴィジョンを見た（この秘話は今も同家に伝承されている）。そして、そのヴィジョンの中で、彼女はクリシュナ神を、同時に異形のクリシュナ神を、さらに無数のクリシュナ神がその内部に続々と誕生するのを見た。この秘話に関する既刊のクリシュナムルティ伝記載の有無は確認されていない。

ナラヤニアの妹はマダナパレに兄をしばしば訪ねたが、その際、三人の少年が近くの丘に登っていく姿をよく見かけたそうだ。当時十歳前後のクリシュナムルティも腕を振りながら長い歩幅で闊歩する姿が目撃されている。そして、その挙止と性格に深い感銘を受け、叙事詩『マハーバーラタ』[6]のパーンダヴァ兄弟の偉大な師にちなんで「ドローナチャリヤ」と命名したのである。

シヴァラムは、マダナパレの高校を終え、カダパの大学在学中にマドラスに移った。当時、父のナラヤニアが、サンジーヴァンマの死後、マダナパレを引き払い、マドラスに隠居していたからである。その後、シヴァラムは、当時州内唯一の医学校だったマドラス・メディカル・カレッジに入学した。クリシュナムルティとニティヤナンダはすでにベサント夫人と養子縁組を終え、英国に向かう途上だった。卒業後、シヴァラム——すでにシヴァラム大尉にして既婚者——は第一次世界大戦中、北西インド（現在はパキスタン領）方面の英国軍軍医として勤務した。戦後、彼はインド医療局の医官として故郷に帰ってきたが、まさに大英帝国の「鋼鉄の枠組み」と称された組織の一部を担っていたのである。当時、英国統治領の官職に雇用されるインド人は極めて少なかった。シヴァラムは従兄弟の娘サラダ[7]を妻とし、地域医務官としてマドラス管区の多くの主要都市に赴任した。また、かなり長期間、母校で解剖学の講座を持ち、マドラス市の警察医（主任監察医）も務めた。ナラヤニアは七十二歳を一期にマドラスで永眠するまで、その晩年をシヴァラムと同居して暮らした。死因は、糖尿病のために受けた最初のインシュリン処方に伴うインシュリン・ショックだった。シヴァラムは直ちにクリシュナムルティに父ナラヤニアの死を連絡した。その頃はまだクリシュナムルティとニティヤナンダから返信を受け取ることができたと聞いている。

大戦中、クリシュナムルティとニティヤナンダが、父親に会うため、滞在中の英国からインドに帰った時、シヴァラムとその妻サラダも同席した——ジャヤカールのクリシュナムルティ伝にのみ、その時の正確な記述が見られる。ナラヤニアは、二人に再訪するように伝え、そして二人は再訪した。後に、シヴァラムは神智学協会に二人を訪ねた。シヴァラムは、長兄として、彼らが家族のもとに帰ってくることを願ってはいたが、すでにクリシュナムルティには果たすべき使命があることも承知しており、その思いは自分の胸中に秘めたのである。

シヴァラムは四男四女の父となった。長男のナラヤン——祖父の名にちなんで命名された——は、一九二五年五月二日、アンドラ州（当時の旧マドラス州の一部）のチットゥールに生まれた。シヴァラムは一九四九年に従来の職を辞し、アンドラ・プラデシュ州のチットゥールに移り住み、そこで地域医務官として最後の職を勤め上げた。そして、郊外にマンゴーや栴檀の木々に囲まれた大きな居宅を建てた。シヴァラムは、最初の三人の子供を州の最高学府に入学させ、しかもすべて優秀な成績で卒業するまで導いた。また、ジッドゥ四兄弟の末弟サダナンダムの面倒を、その死まで見た。生涯を通して、ヒンドゥー神秘主義に深く傾倒すると共に、アーユルヴェーダ医学研究に専心し、その最も効能ある植物・鉱物配合薬剤の秘伝レシピは、今も同家に引き継がれ、時にクリシュナムルティも活用したほどである。彼は、遍歴遊行する苦行者や出家者を供養し、また音楽家を支援した。父ナラヤニアと同様、シヴァラムも男女に限らず若者たちが教育を受けられるように援助した。シヴァラムは一九五二年三月十三日、チットゥールで亡くなった。すぐさまナラヤンはクリシュナムルティにその死去を報告している。

サラダが娘のインディラに語った言葉によれば、一九四七年のマドラスにおけるシヴァラムとの対面以降、クリシュナムルティは彼に二人の息子ナラヤンとナラシマムの面倒を見ても良いと語ったそうだ。その言葉に偽りはなく、シヴァラムの家族とは細やかな交流を続け、特にG・サラダとは親密だった。一家にとって、クリシュナムルティが大いなる鼓舞と霊感の源泉であったことは明らかだが、クリシュナムルティ自身も極めて控えめにだが、同家族に深く関わったのも事実である。

クリシュナムルティのナラヤンの人生と教育に対する関心の深さは、印・英・米の三財団関係者の間では周知の事実だった。後にはナラヤンの娘ナターシャの英国における教育に関しても種々配慮を払った。ナラヤンの妹ウマのプネー大学修学を主導したのもクリシュナムルティだった。経済的支援に加え、その学士課程のみならず博士課程修学にも強い関心を注ぎ続けた。自分がマドラスのヴァサンタ・ヴィハールにいる際には、ウマは足繁く訪ねて来るべきだと提案するほどだった。事実、一九五〇年代半ばよりその死に至るまで、途切れることなく親交は続く。彼女の息子のニティヤはリシ・ヴァレーで学校教育を受けた。ナラヤンの末弟クリシュナは、五〇年代リシ・ヴァレー校に通い、以降もクリシュナムルティとは常に連絡を欠かさず、一九八六年二月にオーハイに訪ねた折は、クリシュナムルティは逝去を前に多くの個人的所有物を彼に託している。クリシュナムルティはまた、編者と妻のインディラに対しても、長年にわたり、幾度となく、助力を惜しまなかった。特に、我が家の五歳の息子ラヴィがリシ・ヴァレーで受けた頭部損傷の後遺症から奇跡的に速やかな回復を得たのも、偏（ひとえ）にクリシュナムルティの癒しの御業（みわざ）に由ることは明らかだ。

シヴァラムが生涯実践した質素と清廉という二徳目の余沢により、その家族は、チットゥールの自宅に加え、ティルヴァンマットゥールの肥沃な農地、マドラス市郊外海岸沿いの資産性の高い不動産、そしてチットゥールのマンゴー園等を相続した。ナラヤンは、一九四七年以降、クリシュナムルティ著作協会（ＫＷＩＮＣ）刊の講話録をシヴァラムに定期的に送り続けた。シヴァラムら近親者たちは、クリシュナムルティを紛れもなき〈世界教師〉と見做していた。ナラヤンによれば、シヴァラムはクリシュナムルティを評するのに二個のサンスクリット語句を用いたそうだ。すなわち「ジャガドグル（世界導師）」、そして「ジヴァンムクタ（生前解脱者）」。ジッドゥ家に連なるすべての人がクリシュナムルティを特別の存在と見做している。なぜなら彼のような存在がジッドゥ家に誕生することなど、盲亀浮木（もうきふぼく）の難遇事に等しいことをよく知っているからだ。

ナラヤンの幼少期から高校時代に至る歳月の多くは、ゴダヴァリ河の河畔にあるアンドラ・プラデシュ州タヌクやバドラチャラムといった静かで美しい田園風景豊かな地で送られた。大学時代はマドラスで過ごした。当時のマドラスは、比較的教養豊かな人士が多く、清潔で落ち着いた伝統を重んじる街であり、住民の多くは煩わされることなく平穏裡に日常生活を送ることができた。しかし、やがてマドラスも、全インドに吹き荒れた自由を求めての闘争の嵐に巻き込まれていくことになる。ナラヤンは休暇のたびに、当時は森に囲まれ緑豊かなチットゥールに祖父母や母方の叔父を訪ねていた。後年の険峻な岩嶺や静謐の村チットゥールへの愛着は、ここに由来するのかもしれない。高校卒業後、マドラス大学のパッチャイヤッパル・カレッジ、次いでロヨラ・カレッジに移り、一九四五年、数学学位を取得し卒業した。英語論述においても大学名誉金牌を得ている。次いでマドラス大学で法学位に続き、経済学修士号を取得した。ナラヤンは大学時代を通じて、傑出した学生テニス選手であり、ロヨラ・カレッジ時代には大学対抗テニス選手権で幾度も優勝した。また、マドラスで深くカルナティック音楽に触れたことにより、ナラヤンは詠唱と歌唱への愛を生涯にわたって育て上げ、後年、心おきなくその愛をクリシュナムルティと共有することができたのである。

ナラヤンは父とクリシュナムルティの近親関係を知ってはいたが、シヴァラムはその近親関係を特別視しなかった。一九三〇年代、クリシュナムルティは、アディヤール、後にはヴァサンタ・ヴィハールにおいて、大聴衆を前に講演活動を続けていたが、サラダもその兄の故K・ラジャゴパルも、当時、神智学協会であれ、ヴァサンタ・ヴィハールであれ、クリシュナムルティがマドラス滞在中は、シヴァラムは定期的に彼に会っていたと私に証言してくれた。ナラヤンは、幼少時から両親に聞かされ、クリシュナムルティの名前を知ってはいたが、大学における哲学的研究の対象としては、当初、ヒンドゥー教と仏教に関心が向いていた。ナラヤンの高校、大学初期の時代、クリシュナムルティはインドを去り、アメリカにいたのである。ナラヤンは自宅で、かの有名なオーメン・スピーチ[8]特集号を含む『スター』誌を目にし、読んでいたにも関わらず、二十二歳の時、マドラスで直接会うまで、自身の近親関係も含め、クリシュナムルティの影響を受けたふしは見られない。クリシュナムルティは当時四十二歳、兄弟や家族とはすでに十年以上も音信不通となっていた。この決定的邂逅の種子から、〈世界教師〉と堅信の学徒との間に、半世紀にも及ぶ類まれな交遊の精華が花開くことになるのである。

ブラフマチャリヤ

学生期——濫觴(らんしょう)

一九四七年、私はマドラスのスターリング街にあったロヨラ・カレッジの学生だった。ある日、テニスの練習後、自転車で道を急いでいた私に、ヴァサンタ・ヴィハールにおけるクリシュナムルティの講話を告知する貼紙がたまたま目に飛び込んできた。そして、彼がスターリング街に宿泊していることを知った。私の父シヴァラムは医師であり、当時、ネッロールの地域医務官として勤務していたが、その父から、クリシュナムルティが父のすぐ下の弟であり、何年も会っていないことを聞いていた。私はテニスウェアのまま、その滞在する館を訪ねたが、彼が恒例の散歩から帰るまで、しばらく待たなければならなかった。

その館の正門の前に立ち、彼が散歩から帰るのを待ち、シヴァラムの息子だと自己紹介した。クリシュナムルティは、自身の兄を思い出すのに、多少の時間を要したようだ。中に招じられ、座りながら、父とその多くの子供たちの消息について、多くの質問が発せられた。驚いたのは、一九八五年、クリシュナムルティが最後にインドを去る時、最初の邂逅の際に私がテニスウェアを着ていたことを指摘したことだ。その場にいた多くのヴァサンタ・ヴィハールのクリシュナムルティ財団（ＫＦＴ）メンバーたちが証人だ。

翌日、また彼に会いに行き、いくつかの話題の中で、仏陀とサンガ（僧団）について質問した。伝説や伝承によれば、仏陀在世時に六十三人の悟りを得た弟子がいたということだが、クリシュナムルティの答えは、「そんなに多くはない。ほんの二、三の者が悟りを得たにすぎない」とのことだった。

私は、ネッロールの父に手紙を書き、訪ねてきた父に同道してクリシュナムルティを改めて訪問した。彼はすぐには父が分からなかったようだ。二人が別れてからもう何年も会っていなかったのだから。軽食が出され、やがて父は彼に自己成就を達成したのか否かを尋ねたが、彼は、それには明確な答えを与えなかった。

父は訊ねた。「自己とは何ですか？」。彼の答えは「それは記憶の束のようなものだ」。父はさらに「それがすべてか？」と聞き、彼は「自己に関しては、それがすべてだ」と回答した。対話は、唐突に終わりを迎えた。父は「アートマン」のことを考え、一方、クリシュナムルティは「条件づけられ、限りある思考の投影」として自己を捉えていた。会話は、そこで途絶えた。二人は握手を交わし、やがて父と私が残された。私は父をマドラス中央駅まで送り、ネッロール行きの列車に乗るのを見送った。これが、父シヴァラムが弟クリシュナムルティと対面した最後の時となった。

「自己」に関して、ヒンドゥー教と仏教には容易には調停できない根本的差異がある。「自己（self）」という言葉は、仏教では、またクリシュナムルティの場合も、常に小文字のsとして用いられる。一方、ヒンドゥー教の観点では、大文字SのSelfは神性を指し、小文字のsはエゴ、自己中心的な性向や行為を指す際に用いる。その後、父は彼の教えを理解するために、講話録を読んでいたようだ。それは心躍る体験であり、彼の精神は純粋かつ明澄だと評していた。

ナラヤンは、マドラス大学で経済修士課程を終了し、法学学位号を得た。同時に、ロースクールとテニスコートで終生にわたる貴重な友情を育んだ。テニス選手としては州レベルの選手としてランクされていた。卒業後、一年ほどチットゥールで弁護士を務め、その後企業の法律顧問の職を得てボンベイに移った。その職は、終生、深い友情で結ばれることになるアチュット・パトワルダン[9]の紹介によるものだった。

クリシュナムルティに二度目に会ったのは、一九四九年、ヴァサンタ・ヴィハールで行われた講話に参加した時だった。彼は、好きな時にいつでも訪ねて来るように、と言ってくれた。一九五二年の初め、再びヴァサンタ・ヴィハールに彼を訪ね、父の容態について簡単な報告をした。そして私は、父の死後、ボンベイで会社役員の法律顧問として最初の職を得た。

・・・

ここ二日間は豪雨だった。

［ナラヤンはここで一九九一年のバンガロール・ヴァレー・スクールを描写している］

家屋の壁は濡れ、空気はひんやりとしている。多くの猿がいるのだが、今日は姿を見せない。ハリドワナムの大木を傘に雨宿りと決め込み、とりわけ巨木の大きな枝には押し合い圧し合いの混雑ぶり。彼らは、木の芽という芽、実という実をすべて平らげ、人間たちには何も残さないつもりだ。

一九五二年の暮れ、ボンベイでクリシュナムルティに再び面会した。その当時、私はボンベイで働き、郊外のアンドヘリに住んでいた。彼は、カーマイケル街のラタンシ・モラルジ[10]邸に滞在していた。訪問した際、すぐ邸内には入れなかった。玄関のところで、女性から彼との面会予約をとったかと聞かれ、私はとった旨を伝えた。夕方五時頃だった。その時、幸いにもクリシュナムルティが自室から姿を現わし、私を見つけ、部屋に招き入れてくれた。ちょうど夕方の散策から帰ったところのようだった。

クリシュナムルティは窓のところへ行き、カーテンを開けた。太陽はまさに、西の彼方大洋の中に姿を消しつつあった。深紅の日輪がアラビア海に徐々に沈んでいく様は壮麗な眺めだった。美と平安を感得した一瞬だった。

部屋はよく整えられ、端正だった。私たちは向かい合って床に座った。ボンベイでの私の生活に関する話題の後、クリシュナムルティは「アンドラ・プラデシュのリシ・ヴァレーに来て教えないか。もしよければリシ・ヴァレーを訪問する際、校長に話しておくが」と誘ってくれた。実は一九四八年にその学校を訪ねたことがある。マダナパレでテニスのトーナメントがあったからだ。その頃はF・ゴードン・ピアス[11]が校長だった。英国人だが、インドやスリランカでは著名な教育家であり、インドにおけるパブリック・スクール（私立寄宿制学校の英国風名称）やスカウト運動にも関係していた。妻のアナスヤ・パランジペは、ヴァラナシ（ベナレス）のインド人神智学一家の娘だった。

私はアンドヘリの自宅に戻ったが、その夜、睡眠中に不思議な体験をした。胸部あたりから白と青の交錯した光が発し、周囲は途方もない清澄の気に満たされた。私は起き上がり、静かに座り、再び眠りに就いた。やがて青い色調の光が胸部全体に広がり、すべての思念が消え去った。全き美の感覚。数分間の現象とはいえ、極めて貴重な経験だった。

「経験（experience）」と「経験そのもの（experiencing）」は異なる。「経験」は過去に根ざし、知識を収集し、記憶を形成する。「経験そのもの」は現今に属し、過去に汚染されない。「経験そのもの」には、経験する主体は存在せず、それゆえ常に新鮮と新生がある。

・・・

私はリシ・ヴァレー[12]行きを決意した。経済修士号も得て法律家たるべく学業を終えたが、同時に数学を専攻し、その学位も得ていた。また、マドラス大学では多くのテニスの試合もこなしていた。これらすべてが、その後の学校教師の職に有益な糧となったのではないだろうか。

リシ・ヴァレーは、四方を丘に囲まれ、その中に村落が点在している。気候は乾燥し、年間降水量は十インチにも満たない。丘自体は遥か古代に遡り、花崗岩から成っている。西の丘嶽はリシ・コンダ（コンダはテルグ語で「丘」の意）と呼ばれ、隣接する他の丘陵はボディ・コンダ、テナ・コンダ、コンダと呼ばれている。落暉（らっき）は壮麗極まりなく、無数の色彩を放ちつつ、リシ・コンダの背後に沈みゆき、碧空の広大と緋から赤へのあらゆる諧調を観ることができる。周辺では、燕が元気に輪を描いて飛び廻り、鷲が上空遥かに悠然と独翔する姿がしばしば見られる。渓谷には、マンゴー、タマリンド、そして村人や学校によって植えられた栴檀（せんだん）や椰子の樹々が緑なし、美の極みだ。渓谷の北西に位置するホースレイ丘陵は、海抜四千フィートを超え、アンドラ・プラデシュ州夏の首都と称される。当然、生徒たちにとってもお気に入りのハイキング地であり、リシ・ヴァレーから田園地帯を経てホースレイ丘陵まで歩いて三時間程度と格好のコースとなっている。

夕刻、生徒と教師は集い、共にゲストハウス傍らの丘に登り、特定の場所に座る。そして約十分間、落暉を見届けるのである。静寂を観照し、薄暮の中で白一色となる。クリシュナムルティ自身は、「アスタチャル[13]」（落暉観照）と呼ばれるこのサンセット行事に参加しないとはいえ、一日の最後に生徒と教師が黄昏の中で共に静かに座ることができるこの行事を喜んでいた。

渓谷では、ピーナッツやラギ（ヒエ科の穀類。南インド農家の主要作物で、蛋白質と麦芽に富む）のような乾燥に強い作物と若干の稲作が行われているに過ぎない。その敷地は、ほぼ四百エーカーにも及び、中には、天を摩するが如く亭々と聳え立ち、樹齢おおよそ三百年にも垂んとする壮麗なバニヤン巨樹が屹立する。その樹洞内部には、鸚鵡、小さな梟、その他さまざまな鳥たちが棲みついている。敷地の東側には他の丘陵に通じる巌窟があり、そこは一羽の大きな梟と猿たちの棲家となっている。なだらかな丘陵は生徒たちのハイキングやピクニックに恰好の場だ。最近、同渓谷は州鳥保護区を宣言した。優れた環境調査と再生により、以前にも増して多様な種の鳥類が回帰してきたからだ。そして一九八〇年代よりリシ・ヴァレー教育センター[14]による継続的な植林事業も始められた。

地元の伝承によれば、約二百年前にリシ・コンダに住んでいた聖者の予言が伝えられている。やがて偉大なる存在が、この渓谷に来臨し、計り知れぬ意義と名望に包まれた教育事業を創始するだろう、と。村人たちはこの予言を言い伝えてきたが、ついにJ・クリシュナムルティの生涯とその使命の中に、その予言の成就を見たのだった。

一九五二年、ナラヤンは、ついにリシ・ヴァレーにやってきた。一九五四年には妹のインディラも加わった。ナラヤンはそこでテニスと数学を教え、詠唱、ハイキング等に参加し、生徒の学園生活の世話を熱心に務めた。ゲストハウスの反対側の草葺き屋根の小庵に住み、クリシュナムルティの学校訪問時には、その散策等に同行し、対話集会へも積極的に参加した。ナラヤンは一九五六年、リシ・ヴァレーを去った。校長のピアスがクリシュナムルティの示す方向とは異なる学校運営をしていると感じていたからだ。その後、二年間マドラスで若干の著述活動と共に、母親の自宅新築を手伝ったりして過ごした。一九五八年、バラスンダラム博士[15]がピアスから校長職を引き継ぐのに伴い、ナラヤンは再びリシ・ヴァレーに帰って来た。ナラヤンは、学校教師という生涯にわたる天職に出会い、リシ・ヴァレーという自らの正しい居場所を発見したのだった。その間、教育や教えに関するクリシュナムルティのさまざまな集会においても重要な役割を果たした。リシ・ヴァレー、ヴァサンタ・ヴィハール、ラジガート等で行われたこれら集会の模様は、*"Life Ahead"*（邦題『未来の生』）、*"Think on These Things"*（邦題『子供たちとの対話』）、*"Krishnamurti on Education"*（邦題『英知の教育』）*"Tradition and Revolution"*（邦題『伝統と革命』）等の書籍に窺われる。

グリハスタ

家住期――

奔流

クリシュナムルティはリシ・ヴァレーを毎年訪問し、生徒や教師たちと能う限り対話の機会を持った。彼は毎夕、学校から渓谷の入り口まで、土埃の道を三マイル近く歩いた。我々職員も何人かこの歩行に参加した。

教師たちとの対話の中で、クリシュナムルティは悟りの即時性について言及した。誰かが「それは〈今か然らずんば無〉ということですか?」と聞いた時、「その句には何か一か八かの投げやりの風を感じる」と答えた。私が「それは即今に属するのでは」と述べると、クリシュナムルティは言葉と体験の微妙な本質を理解したと喜んでくれた。彼は冗談で五百ルピーを給与として支払うことを提案した。教師としての私の給与はその半分にも満たないものだったが。

夕食の際、私は「挑戦と応答[16]」の問題を提起したことがある。クリシュナムルティは指摘した。挑戦と応答の間には間隙がある。応答は、挑戦の時間的間隙の後に発生する。だが、挑戦と応答が同時に発生することもある。応答が適切であれば、挑戦は十全に応じられ、残滓はない。適切でなければ、怒りや不満と言ったさまざまな形の残滓が残る。また、挑戦の前に応答が起こる、言わば打つ前に響くことも可能だ。ちょうど自動車が転回する前にその機勢が起こるように、心も行為の前に響きを発するのだ、と。

ここには重要な指摘が二点ある。その一、応答が挑戦に合致すれば、残滓はない。それが英知だ。その二、挑戦の前に応答が起こり得る。それは受動的注意から生まれる洞察であり、啓示なのだ。

次いで、クリシュナムルティは述べた。何ら葛藤のない境地、問題の影さえない境界がある。それは創造性と高次のエネルギーに満ちた状態ではなかろうか？　なぜなら、我々のほとんどは多くの問題を抱え、その不安と葛藤ゆえに莫大なエネルギーを浪費する。まるで普段は眠り込み、問題あるいは問題群が発生した時にのみ目を覚ます生物のようだ。そして再び眠りに陥り（おちい）、また問題や危機の発生により目を覚ますのだ。

クリシュナムルティは皆に訊ねた。「受動的覚醒の境にある人には何が起こるだろうか？」　誰も答えられなかった。

彼自ら答えて曰く、「思念の残滓が解消され、心は巨大なエネルギーに満たされ、静寂になる」と。

そのような心に何の問題があろうか？

・・・

一九五〇年代のことだが、リシ・ヴァレーの旧ゲストハウス[17]の上階で、一同談論している時、下の方で何か大きな騒ぎが起こった。ちなみに、その旧ゲストハウスは、かなり前にシュリ・ラジャゴパラ・アイヤンガー[18]が建築したものだ。全員が部屋から飛び出し、下階に降りてみた。庭師が大きなコブラを殺したのだった。クリシュナジは、コブラが殺されたことにかなり衝撃を受けていた。彼は地に腰を下ろし、数分間そのコブラの鱗皮に触れていた。そして「コブラはそのまま放っておくべきだった。やがて去っていくのだから」と呟いた。[19]

・・・

一九六〇年代は旱魃が厳しく、リシ・ヴァレーも四、五年、旱魃が続いた。大地は焦げ、乾き切り、旱魃に強い作物だけが辛うじて生き延びた。渓谷の農作物はピーナッツとジョナ（玉蜀黍（とうもろこし））に限られた。クリシュナムルティがリシ・ヴァレーを訪問するのは通常十一、十二月だった。私たちは彼を散歩に誘い、彼も土地の現状を直接目にした。マンゴーの木々は渇き切り、その葉は枯れ萎れていた。マンゴーは、タマリンド、栴檀（せんだん）樹、バニヤン樹、菩提樹等と同様、耐乾性に優れ、主根が地下深く水源に至りさえすれば、渇水の中でも数年は生き延びられるのだが。

クリシュナムルティは「今夜、豪雨が激しく降り、大地は喜び、樹木は緑の装いも新たになる」と語った。私たちは雲の片影さえ見えない空を見上げ、それでも微かな希望と共に居室に帰った。その夜、八時過ぎから豪雨となり、数時間続いた。私たちは、クリシュナジの希いが自然の神に聞き入れられたのだと語り合った。慈雨は数日後も降った。

・・・

クリシュナジがヴァサンタ・ヴィハール[20]に滞在する時は、平均四千人もの人々が参加する公開講話が行われる。樹木も庭園もよく手入れされており、夕刻になっても気候は暖かく、心地良かった。何といっても十一、十二月という最も気候の良い季節なのだ。講話には、多くの神智学会員が参加することでも知られる。神智学協会の本部がほんの数キロのところに置かれているからだ。

マダヴァチャリは、数年にわたり、ヴァサンタ・ヴィハールの支配人だった。同時に、ＫＷＩＮＣの代表であり、新教育財団[21]の理事でもあった。彼は厳格かつ克己の人で知られる。食事は、いつも対話集会に用いられる大きなホールの一隅で取っていた。クリシュナムルティの対話集会は、通常午前七時半頃に始まり、二百人前後の人が参加した。多くの人がヴァサンタ・ヴィハールを来訪した——クリシュナジに会う目的で、あるいはＫＷＩＮＣの書店で書籍を購入するために。一九五〇年代、昼食や夕食の際、ヴァサンタ・ヴィハールの招待客はさほど多くなく、私たちは低い食卓を前に足を組み、床に直接座って食事をしていた。マダヴァチャリはヴァサンタ・ヴィハールの諸事を円滑に処理していた。クリシュナジにちょっとしたことを頼まれると、よく彼のもとに走ったものだった。多少の悶着もあった。例えば、物干し綱だが、雨の日や集会のない日に掛けられていたのは、集会のみならずクリシュナムルティが食事をする際にも使われたメインホールだった。それも後にマダヴァチャリによって移設され、解決した。善哉（ぜんざい）、善哉。

ある日、そのマダヴァチャリ——親しみを込めてママ（母方の叔父）と呼ばれていた——が私を片隅に呼び、「クリシュナムルティは異なる人格を持っている。台座上から〈世界教師〉として我々に語る時と、我々普通の人間と変わらない普段の時とでは明らかに異なる」、さらに「高次の力とはいわゆる〈顕現〉であり、ロード・マイトレーヤ[22]のことだと考える人もいる」と私に告げた。古参の神智学徒からも同様の見解を聞いたことがある。個人的に語るクリシュナジはさほど真剣に聞く必要はないというのがママの意見であり、その意見を再説したのだ。つまり、クリシュナムルティは二重人格を有しており、彼すなわちママもその説に同意する、ということを仄めかしたわけだ。しかし、当時の私には、クリシュナジ二重人格説は、到底受け入れることはできなかった。というのも、彼こそ、全く新しい精神、仏教徒が正覚と呼ぶ悟りを得て、根本的変容を経た悟達者と、私は見做していたからである。

私はある朝、沐浴後のクリシュナジにこの疑義を呈してみた。後ほどランチタイムの際、ママも交え、ホールで話そうとのことだった。三人がそろったところで、クリシュナジはママの方に向き、「他ならぬ樹下で語っていた同じ人物が、今、貴殿に語っているのだよ」と話しかけた。この言葉に、ママは雷に打たれたように衝撃を受けた。クリシュナムルティ二重人格説は雲散霧消した。彼の人格が全一であり、統合されていることが証明されたのである。クリシュナムルティの人格を観る視点は、かくも人さまざまなのかもしれない。

クリシュナムルティは自身の教えを生きた。が、さらに教えはそれを説く人よりも重要だとも述べている。人間は自身の光であるべきだ、特に霊的な事柄に関してはグルに依存すべきではないことを強調した。〈選択なき覚識〉と〈受動性〉がキーワードだ。恐怖の念なく、そのように生きることができれば、人間意識の開花が実現する。彼は語る、言語は事物そのものではない、しかるに仮名たる言語にその専横を許せば、表象と信条の形成に行き着き、果ては信条と信条が対立し、分裂をもたらすのだ、と。

ある時、アチュットジが話してくれたことだが、クリシュナジと歩きながら尋ねてみたことがあるそうだ。クリシュナムルティ自身は、科学者や心理学者といった専門家ではない。にもかかわらず、専門的な問題に正面から応じ、専門家と対話し、彼らの疑問を明らかにし、さらには問題に解決の光を投げかける。一体、どうしてこのようなことが可能なのか？　クリシュナムルティはさまざまな人々に会う——学者、科学者、主婦、サニヤシン（禁欲的生活を生きる遊行僧）、技術者、医師等々。世界中から多種多様な生活を送る幾多の人々が、自身の問題を解決せんがため、彼の許に押し寄せる。そして、クリシュナムルティはいかなる専門分野も修めたことはない。彼が答えて言うには、「その意識はマイトレーヤの意識に満たされ、クリシュナムルティといったエゴは存在しない。それゆえ、叡智と学識の宇宙に直接参入することができ、知性も透徹して働くことができるのだ」と。

クリシュナジは、若い人や西洋から来た人たちには「マイトレーヤ」という表現は敢（あ）えて使わなかった。彼がマイトレーヤ・ボディサットヴァ（弥勒菩薩）の化身だということは、古参の信者や仏教学匠たちには広く受容されていた。〈ボディサットヴァ（菩薩）〉という概念は、仏教教義の中で広大かつ重要な領域を占めており、その思想は、多くの仏典や論書に詳述されている。一九二七年から一九三〇年、クリシュナムルティは自作の詩篇の中で述べている。自分と〈愛しき者〉は一つであり、分離はない。あたかも河川が大海に帰融するようなものだ。それは、愛や法悦、即今を生きる全き生の境地ではなかろうか？

ボディサットヴァの意識は、いかに広大かつ無辺であろうと、無限かつ究極のブッダの意識に比すれば、若干劣るのではないかと考える人もいる。この比較は、確かに興味深いテーマだが、さほど意味あることとは思えない。ボディサットヴァは慈悲の化身であり、その使命は人間に無条件の自由、無知・悲嘆・苦悩からの自由をもたらすことだ。ボディサットヴァは、その目標が達成されるまで、すなわち人が悲しみと束縛の軛(くびき)を脱するまで、休息することはない。

・・・

ある日、私はクリシュナムルティと共にヴァサンタ・ヴィハールからエリオット・ビーチ[23]まで三キロあまりの道を歩いた。私は、ビーチに出る角を曲がりながら、奇蹟とその因由について考えていた。クリシュナジは素早く私の思念を捕捉し、一つの逸話を語ってくれた。

数日前、一紳士がクリシュナジを訪ねて来た。夫人が膝関節のところで脚を痛め、もとに戻らないと言う。何か肉質様のものが関節に挟まれ、しかも腐朽しているというのである。その男は心底心配し、クリシュナジが妻の脚を治してくれるか、確認しに来たのだった。駄目ならば、医師が妻の脚を切断するだろうと述べた。クリシュナジは、治せるかどうかは分からないが、とりあえず夫人に会うことには同意した。しかし、その男は真剣で、翌日には妻を連れて来た。女性は、歩けないのでストレッチャーに乗せられ、ヴァサンタ・ヴィハールの階段を運ばれてきた。ちょうど、クリシュナジが部屋から出て来た。二人はベランダで遭遇し、その婦人はストレッチャーの上からクリシュナジの眼を見た。二つの双眸が出会うや否や、女性は突然ストレッチャーから立ち上がり、歩き始めた。夫は妻の歩き出した姿を見て驚喜した。

クリシュナジは私の方を振り向き、「皆で私を担いでいるのかと思ったよ」と冗談めかして言った。

しかし翌日、その婦人の娘が訪ねて来てクリシュナムルティに面会を求め、告げた。「御自分のなさったことをご存知ですか？　奇蹟ですよ！」。そして彼の首に花環をかけ——インドで伝統的に尊敬を示す所作——、母親に対する治癒への感謝の念を述べた。

私は「それは信仰療法の一種に当たりますか？」と、歩きながら尋ねる。

クリシュナジの答えは「否」だった。

「では一体どのように？」と私。

「どこかで何かが起動するのだ」とクリシュナジ。やがて私たちはビーチに着いた。クリシュナジは、驚くべき神速をもって歩行し、私は後ろに付いていくのがやっとだった。

「何が起動するのですか？」と訊ねる。

クリシュナジは「エネルギーが流出するのだ」と答えた。

それは癒しの力だったが、クリシュナムルティは奇蹟を認めようとはしなかった。

その力を所有あるいは保持すべき自我がないのだ。時に、小人数の集まりの中で、その力について述べることを求められた際には、その癒しの力は幼少期から正しく彼の手掌にあったと告白したこともある。クリシュナムルティはかなり警戒しており、そのこと——彼の神通力——について、他言しないことを求めた。なぜなら、病人や脚疾、盲目を治癒することが彼の本来の役割ではないからだ。そして、もしこの力が公開されれば、奇蹟の治癒を待つ人々の長い行列ができていたことだろう。

・・・

一九四八年、私はマドラス大学の学生だったが、テニス・トーナメントに参加するため、マダナパレに赴いた。試合後、一人の逞(たくま)しい男が私の隣に座り、リシ・ヴァレーから来たドワラクだと自己紹介した。そして私に、自分と共にそこから十マイルほど離れたリシ・ヴァレーに来て、その地とバニヤン樹を見て欲しい、とのことだった。私は快諾し、明日の早朝出発することを約束した。彼は、自分の小さな車でリシ・ヴァレーまでの道を運転したが、車中、自身の人生経歴を語ってくれた。

彼は先天的に心臓に疾患があり、歩いて辛うじて廊下を渡れる程度だった。両親はクリシュナムルティのところ——マドラスかバンガロール——へ連れて行き、そこで毎日、手当療法を受けたそうだ。クリシュナムルティは彼の胸部に手を触れ、それから大きく円を描くように手当てを施した。痛みは当初数日はむしろ激しくなったが、次第に治まっていった。ドワラクはまたクリシュナジの提案に従い、プーナに行き、延べ二、三週間にわたり手当療法を受けた。その結果、疾患は平癒し、通常業務に就けるまでに回復したのだった。これはすでに十年以上も前のことだが、今も彼は健康な若者であり、リシ・ヴァレーの土地と建物を管理している。その後、ドワラクはボンベイに行き、そこで職に就いたそうだ。彼は「自分の人生はすべてクリシュナジのお陰だ。私の疾患に対して、従来の医療では有効な療法も薬剤もなかったのだから」と語った。

クリシュナムルティの古くからの友人ジャムナダス・ドワルカダス[24]によれば、クリシュナムルティはよく彼の指輪を聖別してくれたそうだ。しばらく彼の手にあり、時をおかず返されたという。一九六九年から七三年の間、マドラスにおけるクリシュナムルティの世話役を務めたジャヤラクシュミ夫人[25]も、腕輪を同様に聖別してもらったと教えてくれた。これら聖別された宝飾類には、人を浄化、治癒する特性が付与され、決して床に置かれることはなかった。

・・・

一九五九年、クリシュナジは四大不調に陥った。細菌性感染にかかり、その結果、泌尿器系の疾患を引き起こし、ヴァサンタ・ヴィハールのベッドに寝たきりとなった。シヴァカム医師[26]が毎日来診してくれた。彼女は、クリシュナムルティと同世代に属し、すでに病院医師としての勤務からは解放されていた。彼女はストレプト・ペニシリンを含む処方を指示した。クリシュナムルティはペニシリン系にアレルギーがあったからだ。私はママからヴァサンタ・ヴィハールの隣の部屋で二、三週間起居を共にし、彼に付き添うように頼まれた。投薬は彼の身体を損ない、何日かは自らベッドから起き上がれないほどだった。ところが、その週にボンベイでの講話が予定されていたが、彼がベッドに横たわってすでに十日以上も経過していた。

ある晩、クリシュナムルティは「このままではよくない。回復するには何かしなければ」と私に語った。驚いたことに、彼はその日を境に回復に向かい、四日後には健康を再び取り戻していた。多少の衰弱は残ったものの、何とか空路ボンベイまで飛び、翌日に予定されていた講演を果たしたのだった。クリシュナムルティは塵埃（じんあい）や花粉アレルギーに苦しみ、気管支炎の症状と頑固な咳が続いた。特に大気中に花粉の含まれる地域、例えばリシ・ヴァレーのような地では、気管支炎やアレルギー症状に苦しんだ。一方、マドラスのような潮風の吹くところでは比較的快適に見えた。しかし、結局のところ、彼自身が自ら治癒したのか？　あるいは守護者たちが彼を保護したのか？　私には謎のままだ。

ある日マドラスで、私はクリシュナムルティに、母からアーユルヴェーダ医療を受けてくれるように頼んでみた。母はこの医療を父から学んだのだが、母によれば、スヴァルナ・バスマム（金ベースの植物・鉱物粉末剤）が、彼の体質には合うとのことだった。クリシュナムルティは施療に同意してくれたが、実はヴァラナシの高名なアーユルヴェーダ医師のトリアムバク・シャストリからもかつて彼の体質強壮剤として金の摂取が有効だと告げられたことを明らかにした。クリシュナムルティは、母によって特別な手法で調合された金製薬剤を服用し始めたが、非常に効用があると語っていた。マドラスに一週間滞在した際は、レーヒャム（内服用クリーム状薬剤）を、さまざまなハーブをバターで練った金製薬剤と共に服用した。レーヒャムは、概して身体には有効かつ妥当とされている。

その後、クリシュナムルティはロンドンに発ったが、書簡で金製薬剤の摂取をやめたと伝えてきた。摂取は身体にとってかなり負担となり、時に動悸が激しくなることもあったという。母にクリシュナムルティの書簡について報告すると、母もその薬剤は二、三週間以上継続して摂取してはいけないのだと語った。そして、クリシュナムルティに手紙を書き、薬剤摂取後に食欲が増進したかどうかを訊ねるように頼まれた。クリシュナムルティは、返信の手紙の中で、ここ二十五年ほどは食欲もなく、ただ身体を健康に保つために、適切な植物由来の食物を摂ってきた、と記していた。そして、これがボディサットヴァ（菩薩）あるいはジュナーニ（見者）の特徴だと言う人もいる。

妹のチンナムマ[27]は重篤な天然痘に感染後、人生からすっかり引きこもってしまっていた。インドの伝統的説明として「憑霊（ひょうれい）」を考える人もいた。クリシュナムルティにこの件を相談した際、「一度連れて来なさい」とのことだった。そして、ヴァサンタ・ヴィハールで三日連続して早朝会ってくれたが、チンナムマはクリシュナジの前に出ることを恥じらい臆していた。その引っ込み思案の態度や素振りは以前のままだったが、クリシュナジは「悪霊に憑（つ）かれているのではない、単なる内気の引きこもりだ」と告げた。もし悪霊の憑依ならば、クリシュナジの霊性と臨在の前では耐えきれず、遅くとも三日目には被憑依（ひょうい）者を離れ退散するはずだという。この間、すべての経緯を見てきた私には多少奇異に感じられたが、母によれば、アンジャネヤ[28]寺院の高僧臨在の際にも、同様の出来事があったそうである。

姉のサンジーヴィ[29]はマドラス大学で数学の学位を優秀な成績で獲得した。当時、息子のパドマナバムはバンガロール大学在学中だったが、十六歳（一九六七年）前後から心臓の疾患に苦しんできた。肺動脈が極度に肥大化し、ヴェロール・クリスチャン・カレッジ・ホスピタルの外科医は開胸した結果、手術不能を宣告した。医師は「少年はゆったりと休息すべきだ。なぜなら、彼はさほど長く――おそらくほんの数か月しか生きられないから」と告げた。彼を助けられる医師はいなかった。私は彼をクリシュナジのところへ連れて行き、扶助の同意を得た。クリシュナジは彼に手当てを施し、その効もあって、彼は回復に向かい、大学にも再通学できるまでになったのである。姉は同意しないかもしれないが、パドマナバムはクリシュナムルティの手当てとその治癒力によって一年一年生かされていたのではないか、と私は感じている。その後、パドマナバムは一九六九年から一九七二年にかけてバンガロール大学に学び、英語の学士号を取得、修士初年度も終えた。彼自身も年々歳々クリシュナジによって生かされていることを自覚していた。しかし、一九七二年から七三年にかけて、クリシュナムルティはインドに来ることができず、パドマナバムの健康は危機的状態に陥った。バンガロールの病院に入院したが、数日後、両親や家族、友人たちの深い悲嘆の中、わずか二十二歳の若さで亡くなった。

その時（一九七三年）、私はロンドンにいたが、クリシュナムルティに会うと共に、友人とも旧交を温め、妻のシャクンタラと娘のナターシャに合流するため、ハンプシャー州のブロックウッド・パークに赴いた。クリシュナジはホールを横切り、真っ直ぐ私の方に向かって来るや、「あの児にはすまないことをした。今年は渡印できなかった」と告げた。それ以上の言葉はなかった。あたかも映画の一こまのようであり、私の唇が声を発することはなかった。私はこの時パドマナバムの魂が救済を得たのを感じた。翌日、クリシュナジの講話に参加後、当時、教職に就いていたウスターに向け、同地を後にした。

・・・

R夫人の兄弟がバンガロールに住んでいたが、片方の眼が網膜剥離にかかり、物を見るのにかなり不自由な状態が続いていた。もう一方の網膜も悪化し、医師としては匙を投げざるを得ない状況だった。クリシュナジは一か月近く手当療法を施した。その結果、眼が回復したのみならず、クリシュナムルティが触った部分の頭髪だけが黒くなり、他の大部分の白髪との対照が鮮やかだった。

先輩の友人――アチュットジだったと思うが――によれば、クリシュナムルティは病んだ身体の治癒には関心がなかった。彼の関心は、絶えず騒がしく喋り続け、恐怖と希望、無知と苦悩に苛まれる人間の病んだ心を治癒することにあったのだ。

ナラヤンはシャクンタラと結婚した。シャクンタラは、一九六三年、英語教師として、バンガロールからリシ・ヴァレーにやってきた。当然、クリシュナムルティの教えに関心があったからだが、後に七〇～八〇年代、ブロックウッド・パークでも教えた。一九六六年には娘のナターシャを授かった。ナラヤンがオックスフォード大学で教職免許を取得するため、一九六六年に渡英した際は、クリシュナムルティの助力を得た。一九六七年にはリシ・ヴァレーに戻ったが、アチュットジの提案により、一九六八年にはハイデラバードに赴き、全日制校の校長を一年間務めた。やがてクリシュナムルティとＫＷＩＮＣ間の避け難い亀裂はインド中の知るところとなり、ヴァサンタ・ヴィハールはＫＷＩＮＣにより使用を差し止められてしまった。その結果、一九六九年、マドラスにクリシュナムルティ・センターが設立された。諸人待望の講話や対話を果たすべくクリシュナムルティがマドラスを訪問する際に、別の拠点を準備する必要があったからだ。ジャヤラクシュミ夫人を始め、マドラスの指導的市民、例えば最高裁長官のアナンタナラヤナン、国連次官のC・V・ナルシムハンといった人々が当センターの設立に主導的役割を果たした。同センターは、ヴァサンタ・ヴィハールに近いジャヤラクシュミ夫人の邸宅に置かれた。ナラヤンは一九六九年、センター運営に携わるために、ハイデラバードからマドラスに戻り、巨大バンダル（屋根付き簡易家屋）下で行われるクリシュナジの講話の準備や関連業務の遂行にその有能さを発揮した。結局、ナラヤンは家族と共にマドラスに二年間滞在した。

クリシュナムルティは、リシ・ヴァレーであれ、ヴァサンタ・ヴィハールであれ、出発の二日前から荷造りするのを常としていたが、その折を見計らって私は会いに行った。すでに彼は自身でスーツケースに荷物をまとめており、ほとんど手伝う必要はなかった。すべてが秩序をもって為され、衣類も綺麗に収められる。クリシュナジはこれら一連の動作を典雅に行うのだった。

ある日、部屋に入ると、クリシュナムルティは立ったまま全身を若枝のように揺らし震動させていた。私には、その事態が飲み込めなかった。しかし、その後、ヴァサンタ・ヴィハールでも同様の現象を目にし、ついに私は訊ねた。「なぜ、全身を揺らし震動させているのですか？」。

「地震のようなものだよ。それ以上は言わない方がいいだろう」。

自ら集積したカルマをすべて一掃し、浄化を図っていたのか、あるいは「プロセス」に何か関係があったのか？　確かにその現象は、ある地を発ち、他の街や都市に移動する際に起こっている。また、滞在した館に対しても、去る際、クリシュナジはお辞儀をし、謝意を示していた。彼は密かにその仕草を行い、気付いた人はほとんどいない。その行為は、独りの時に限られたからである。

一九七一年、一家は英国へ発った。ナラヤンとシャクンタラは、再び教職に戻るべきだとの結論に達していた。ナラヤンは、ウスターのグラマースクールで高等数学を教える教授職に就いた。そしてクリシュナジは、シャクンタラとナターシャがブロックウッド・パークに落ち着けるように手配した。結局、ナラヤンは七年間英国で数学を教えた。当初、王立ウスター・グラマースクールで一両年、次いでサセックス州フォレスト・ロウのマイケル・ホールに移った。同校は、ルドルフ・シュタイナー[30]の教育哲学の下に運営されるシュタイナー・スクールに属する。この時期の英国生活がナラヤンにとって幸せの絶頂期だったことは衆目の一致するところであり、家族に会うためしばしばブロックウッドに通っている。八十年代半ば、シャクンタラもブロックウッドを離れ、マイケル・ホールに移っている。

　ナラヤンはブロックウッドで行われる討論会に積極的に参加し、クリシュナムルティが英国に滞在する際は、共に時を過ごした。ちなみに校長のドロシー・シモンズはナラヤンの親友だった。ナラヤンは英国滞在中、欧州各国を訪問し、定期的にザーネン講話にも参加した。一九七五年には初めて米国を訪問している。

一九七五年当時、私は英国で教えていたが、妻や娘と共に米国カリフォルニア州のオーハイに赴き、アーリヤ・ヴィハールに滞在する機会があった。インドの友人スナンダとパーマのパトワルダン夫妻[31]もちょうど現地にいた。我々はクリシュナムルティと共に長い散策に出かけたり、小グループの討論の場を持ったりした。ある時、クリシュナムルティから、数学をどのように教えるのか、との質問を受けた。幾何や代数を考察する中で、注意力や論理力を養うことができ、その最後に数学的解決に至る。この一連の流れが数学的認識であり、数学的論理なのだ。数学の大半は視覚的知性に属するが、ある場合には数学的論理の終局、ある場合には文字通り行き詰まりに至るような公式に帰結することもある、といった内容を答えたように記憶している。

我々は「快楽」についても論じた。クリシュナムルティは指摘した、快楽の状態は、決して歓喜や法悦ではあり得ない、快楽には悲嘆の影が常に付きまとう、と。私は、ギリシャの哲学者——例えばキュレネ学派——の語った〈賢明な快楽〉の追求について質してみた。クリシュナジの答えは「おやおや!」だった。〈賢明な快楽〉の思想は、すげなく却下されたわけである。

アーリヤ・ヴィハールには、クリシュナムルティ・ライブラリー、スタディ・センター、ゲストルーム等があり、その隣には、伝記の中で大きな役割を果たすパイン・コテジが控え、素晴らしいホールと共に改装されている。クリシュナジはパイン・コテジの一室に起居していた。そこには、古い節榑立った胡椒の樹——インドのように胡椒の実を生む灌木風の藪はない——があり、その樹下に若き日のクリシュナムルティが座し、最初の光明と証果を得たがために神聖なものとなった。コテジの入り口には御影石でできた二頭のナンディ像(シヴァ神[32]の乗り物とされる牡牛)が鎮座していた。その素晴らしい彫刻は、ジャヤラクシュミ夫人によりインドから贈られたものだ。アーリヤ・ヴィハールに滞在することにより、クリシュナムルティにより親密に接することができたと言える。時には、共にこの魅惑に満ちた渓谷を長く散策したものだ。当時、娘のナターシャは九歳前後だったが、彼女を可愛がってくれた友人に、ディズニーランドへ連れて行ってもらったのも懐かしい思い出だ。

当時、アーリヤ・ヴィハールには十人前後が滞在していたが、クリシュナジも我々とよく昼食を共にしてくれた。パイン・コテジもアーリヤ・ヴィハールもオレンジの果樹林に包まれ、花々やオレンジの爽やかな芳香が一帯を満たし、空はあくまで澄み切って陽光が燦々と降り注いでいた。スナンダとパーマもアーリヤ・ヴィハールに滞在しており、時にはクリシュナムルティと共に蒼古たるヒンドゥー宗教書のサンスクリット聖句を詠唱したものだった。

・・・

ある日、午前十一時頃だったと思うが、クリシュナジがスナンダと私に自分の部屋に来るようにと、遣いを寄こした。我々がパイン・コテジに入ると、彼はバスローブを身に纏い、両足を伸ばしてベッドの上に座っていた。朝の沐浴を終えたところだったようだ。

彼は我々の方を向くと「仏陀が今ここに臨在し給う。何か質問があれば……」と語りかけた。私はクリシュナムルティの相貌が変容していくのを目の当たりにし、驚異の念と共に見守り続けた。その双眸は煌々と光り輝き、顔貌は炯然として燃え熾り、名状し難い変容が現成していた。部屋全体にクリシュナムルティから放出される途方もない美が充満していた。

「私の教えの精髄は何だと思う？　言ってみたまえ」とクリシュナムルティ。

若干の躊躇と共に、「あなたは世界だ」と私。

「他には？」とクリシュナムルティ。

それ以上答えることのできる者は一人もいなかった。

クリシュナムルティ自ら答えて曰く、「観る者は観られるもの」と。

それ以上議論の進展がないと見るや、クリシュナムルティは終了を宣告した。彼の神的なまでの相貌と美はいまだに私の眼底に歴々と残っている。その光り輝く顔貌と双眸は永遠の生命をもって私の中に留まり続けているかのようだ。仏陀が真に臨在したのか？　あるいは比喩の類だったのか？

後に〈選択なき覚識〉もその教えの重要な要素だと気が付いた。出会ったある禅僧などは〈観る者は観られるもの〉という金句は、瞑想と生の技術において無尽の至宝に値すると私に語った。〈あなたは世界だ〉には、有情非情万有を射程に収める驚嘆すべき洞察があり、〈観る者は観られるもの〉は、非二元論的真実と直覚を示し、両頭に渉らぬゆえに対立の葛藤はないことを表現する。両命題は、共に不可欠の真理として全的および個的な洞察を示しているのである。

ヴァナプラスタ

林棲期——大河

私が英国で教えていた頃（一九七一〜一九七七年）、幾人かの仏教学者と知り合いになった。その一人がウァルポラ・ラフラ博士だった。博士はスリランカ出身の長老僧であり、テーラヴァーダ派に属していた。私は、ロンドンの仏教センターをしばしば訪ねたが、そこでラフラ博士の講話を聴いたこともある。博士はテーラヴァーダの学匠でありながら、マハーヤーナ（大乗）仏教にも通暁していた。著作には、"*What the Buddha Taught*"[33]（仏陀の教え）等があり、アメリカの多くの大学を訪問し、仏教思想に関する講義も行っている。もう一人はイルムガルト・シュレーゲルという女性だが、彼女はロンドン仏教協会に所属し、日本の禅道場で十二年以上も過ごした上、協会のいくつかの会合を主宰するロンドン仏教界の重鎮だった。

クリシュナムルティから招待があり、私は彼らと共にブロックウッド・パーク[34]で行われる週末会合に同行した。他の招待客やブロックウッド校の生徒たちも多く参加していた。学校側の行き届いたもてなしもあり、一同、滞在を真に楽しんだ。朝夕、時には昼食後等、適時に討論会が行われた。我々は構内を散策し、整えられた緑の芝生、綺麗に刈り入れられた垣根、開花した樹木等を鑑賞した。

討論の主題は広大な領域に及んだ――カルマ、自由意思、意識、受動的覚識、あるいは仏教思想のさまざまな観点等々。やがて座は闊達になり、熱を帯びてくる。特定の主題はなく、それゆえ参加者が知識や記憶の蓄積をもとに議論に加わることができないからだ。その過程自体が瞑想であり、思考を伴わない純粋直覚だった。ラフラ博士もこれら討議に熱心に参加していた。

会合の最後に、ラフラ博士は単刀直入に質問を発した。「私は午後には発たねばなりません。さあ、今ここで真理とは何かをご教示ください」。

クリシュナムルティは「貴殿は真理を一分間でお知りになりたい？　それは大悲（compassion）であり、そこには一片の幻想もありません」と答えた。

その回答は簡潔かつ圧倒的なものだった。私たちは呆然として、沈黙したまま立ち上がることができなかった。その言葉が問答の締めくくりの言葉となった。

英国で教師生活を務めていた時、クリシュナムルティの講演会に参加するためにスイスのザーネンにはたびたび赴いた。その時期だけシャレー（現地家屋）を借り切る仲間もいた。クリシュナムルティはグシュタートの曲がりくねった道を登り切った丘にあるタンネーク荘に滞在し、ヴァンダ・スカラヴェリやメアリ・ジンバリストといった友人たちが世話をしていた。特にメアリはクリシュナムルティの世話役であると共に、秘書でもあった。彼女は、著名な映画監督サム・ジンバリストの未亡人であり、裕福かつ寛大な人柄で知られ、二十五年にわたり、クリシュナムルティと共にアメリカ、イギリス、ヨーロッパ各地を旅してまわった。ザーネンでは、講演会に参加するためにヨーロッパ、インド、アメリカ等、世界のさまざまな国や地域からやって来る三千人もの人々を収容する特別の天幕が用意され、緑なす樹々、美しい庭園、独特の木造家屋シャレーが、魅惑的な風景を形成している。ザーネンに隣接するグシュタートは、一村ながらファッションとセレブの一大拠点として有名だ。スイス人は、自らの文化と伝統に誇りを持ち、それゆえ社会も保守的であり、伝統的だ。三言語圏グループ——ドイツ語、フランス語、イタリア語——の人々が、固有スイスの人々と共に平和裡に暮らしている。ウィンタースポーツのみならず、一年を通してさまざまなスポーツや試合が行われ、また音楽の集いやコンサートも盛んだ。例えば、著名なバイオリスト、ユーディ・メニューインらも同地で演奏活動をしていた。

タンネーク荘にひと月ほど滞在するよう招待を受けた時のことだ。ある夕方、クリシュナムルティと共に散歩に出かけ、丘を下りていると、彼が私に最近どんな本を読んでいるか訊いてきた。私は、ナーガールジュナ——紀元前三世紀頃、ナーランダ[35]で活動した偉大な仏教僧——が確立した中観派（Madhyamika）の哲学を学んでいます、と答えた。さらに歩みを進めると、中観派とはどのようなものかと問われた。私は、仏教哲学によれば、ボディサットヴァと呼ばれる偉大な聖哲は、三大特質、すなわちカルナ（無限の大悲）、プラジュニャー（明智）、そしてウパーヤ（善巧方便）を有するとされています、と答えた。

クリシュナムルティは、先日もそのことについて論じたかったのだが、なぜか議論が別方向に行ってしまったのだと語った。

翌日のザーネン天幕講演の中で、クリシュナムルティは大悲（compassion）について語り、それに関連して観察と注意（プラジュニャー）について触れた。その大獅子吼は、私が読書より得た知見に新たな光を投げかけるものだった。全的注意力を挙げ、注視し傾聴することは、生命の流出であり、生と行為における永遠に新たな技法（ウパーヤ）なのである。

・・・

クリシュナムルティには、クォンタム理論に関する著作で有名な理論物理学者ディヴィド・ボーム博士との間に長期に及ぶ一連の対談録がある。ブロックウッド、ロンドン等で幾多の対談を重ね、後にそれは *"The Ending of Time"*（邦題『時間の終焉』）という書名で出版された。私も、いくつかの対談には立会人として、また発言の要ある時には参加者として加わっている。[36]

クリシュナムルティ自身による著作、例えば *"Krishnamurti's Notebook"*（邦題『クリシュナムルティの神秘体験』)、"*Krishnamurti's Journal*"(邦題『クリシュナムルティの日記』)、"*Krishnamurti to Himself*"(邦題『最後の日記』)等、あるいは伝記類には、公刊された対話・講演録とは異なり、「プロセス」への言及がある。「プロセス」は、クリシュナムルティ自身が身をもって引き受けなければならなかった、強弱はあるものの常に痛みを伴う過程であり、首や頭に激痛をもたらした。その現象は、カリフォルニア州オーハイの胡椒の樹の下に始まったとされるが、激痛のあまり、失神することさえあった。また、他の地域(例えばニルギリ山塊のウータカムンド)、あるいは独居の深更に起こることもあった。当然、人々の真只中で起こることもあり、耐えられる痛みならば、そのまま会話を続けることもあった。「プロセス」は畢竟(ひっきょう)謎に留まる。一九八〇年、ボーム博士はクリシュナムルティに質した、「結局〈プロセス〉とは一体何だったのですか?」。多くの友人たちも、クリシュナジがなぜこの痛みを受容しなければならないのか知りたがった。クリシュナムルティは当初この件には答えたがらなかったが、ボーム博士は再度「プロセスとは何か」という問いを発した。

　クリシュナムルティの答えは「〈プロセス〉とは、〈未知なるもの〉が私の脳細胞を浄化する働きだ」というものだった。

しかし同時に、私の方を向き、声を落とし、ほとんど囁くような口調で「私も浄化し治癒してきたのだ」と呟いた。

録音機がこの声を拾ったかどうかは定かではないが、「脳細胞の浄化」とクリシュナムルティの施した治癒との間には何らかの関連があったのかもしれない。また別の機会に、クリシュナムルティは自らの治癒力の源泉は手掌にあることを示唆したが、その力を所有しているとは公言しなかった。苦痛と苦悩は、多くの治癒を施してきた彼自身によって齎されたのかも知れない。そして〈未知なるもの〉の哀愍の働きが、彼がその使命を果たすべくその心身を浄化してきたというのだろうか。

・・・

対談の中で、クリシュナムルティは「全的洞察は脳細胞の変容もしくは変異をもたらす」と述べている。ある時は「変容（transformation）」という言葉を用い、ある時は同義語として「変異（mutation）」と呼んでいる。脳細胞が真に変異を遂げたならば、その人間は言わば四百年も生きることができる。しかし、彼が人間の通常寿命を遥かに超えて生き続けることは適わなかった。絶えず世界中を飛びまわり、常に異なった条件の気候、食物、社会に自己を適応させ、此方から彼方へと移動を続けなければならなかったからだ。

オルダス・ハクスレーは、クリシュナムルティの信奉者であり、その著 *"The First and Last Freedom"*（邦題『自我の終焉』）に序文を寄せている。自身の著作 *"The Perennial Philosophy"*（邦題『永遠の哲学』）は、世界中の識者に読まれている。ハクスレーは、言わば国際的名士であり、医師の監督下でドラッグを体験、意識の階層、超感覚的知覚、意識の拡大深化を図る実験を行い、その体験を *"The Doors of Perception"*（邦題『知覚の扉』）の中で描いている。

ハクスレーは、クリシュナムルティの親友であり、親しく交遊を重ねていた。英国国籍ながら長年アメリカに住み、ヴァサンタ・ヴィハールにクリシュナムルティを訪ねたこともあった。ハクスレーは悟りに多大な関心を有し、ヒンドゥー教や仏教の哲学にも精通していた。クリシュナジは彼を「百科全書的精神を有する博識の人」と評していた。一方、ハクスレーはその知識と博識を放棄し、自らの体験のみに依ることを切望していた。それゆえに、彼に敬愛と愛慕の念を覚えるのだ、とクリシュナジは私に語った。後年、新聞でハクスレーが咽喉癌に侵され、非常な痛みに耐えていることを知った。しかし、ハクスレーは「私は自由だ。痛みには囚われない」と語ったと、クリシュナムルティから聞いた。彼は、まさしく自由な精神そのものの具現だった。

・・・

ヴァラナシは、聖ガンガー（ガンジス河）の河畔に位置し、ヒンドゥーの正統派からも保守派からも、聖地中の聖地、至聖市（thirthas）として尊崇されている。おそらく全インドで最古の街に属し、かつ現在まで人々が住み続けている都市であり、現在も狭い路地と熱鬧（ねっとう）の雑踏が騒がしい街である。市内には、バナラス・ヒンドゥー大学、カーシー・ヴィディヤピト大学、サンスクリット大学といった教育機関が妍を競っている。インド第二の敷地面積を有する神智学協会のインド総本部もここヴァラナシに置かれている。ラジガート校のキャンパスは、一九三二年クリシュナムルティのために、聖ガンガーの畔、ヴァラナシ郊外、ヴァラナ河がガンガーに注ぎ込む合流地点に設置された。クリシュナムルティが滞在するゲストハウスは一九三〇年代、ガンガーの畔に河岸に至る小道と共に建てられた。遥か上古の時代、かつて仏陀がヴァラナシ（当時はカーシーと呼ばれていた）から、ガンガーの岸に沿ってラジガートを横切り、ヴァラナ河を渡り、サルナートまで歩んだのもこの道だと伝えられている。サルナートは、ブッダガヤの成道後、仏陀が最初の説法（初転法輪）をしたところとして古より知られている。サルナートには、マウリヤ朝のアショカ帝が仏陀にちなんで紀元前二世紀に建立したストゥーパ（仏塔）があり、観光と共に世界中から仏教徒巡礼の地として知られ、聖なる地と見做されている。機会があり、我々はラジガートからサルナートに至る四マイルに及ぶ道を歩ききったこともある。その道は、「パンチャクロシの道」として知られている。現在のサルナートは、幾多の仏教伽藍、さまざまな国籍――スリランカ、チベット、中国等々――の人々によって建立された僧院や寺院によって名高い。ダライ・ラマ傘下の有名なチベット仏教研究センターも同地にあるが、その長老リンポチェ（チベット仏教の転生ラマ）は、インド・クリシュナムルティ財団のメンバーでもある。ちなみに同財団は、ラジガート校はむろん、ヴァラナシを始めとする全インドのＫＦＩ関連施設を管理運営している。

ラジガートには、学校に加え、女子大学、地域センター等も併設されている。学校自体のキャンパスは三百エーカーにも及び、一方の境界は、アディケシャヴ・ガート[37]からほぼ二層式の鉄道橋に至るガンガーの河岸、他方、ヴァラナ河も学校の一境域を成している。地域センターは、ガンガーに合流したヴァラナ河の対岸に位置している[38]。ヴァサンタ女子大学は元来、一九六一年、ベサント夫人によりヴァラナシに創立されたが、後ラジガートに移設、ガンガーの河岸にその施設ともども新しい敷地に再生した。マダヴァチャリが、そのすべての建物を管理監督していた。寄宿生用の宿泊施設も学校敷地内に用意された。

地域センターはヴァラナ河を挟んで位置し、近隣の約百名程度の若者たちが、近代的農業技術、園芸学、その他、関連学科等の教育訓練を受けている。一方、ラジガート校だが、ヴァラナシからの道が構内を横切り、学校の宿泊施設と大学の境界を成し、ヴァラナ河の畔まで続く。そこから渡し船で同センターに渡ることもできる。また、小さな橋を渡れば、ウス・パール地区（ヴァラナ河の対岸地域）に行き着く。クリシュナムルティの教えの熱心な信徒たちも多くウス・パール側に居住している。この地域には他に、地域基礎健康センター、農業学校、地域初等学校等がある。学校敷地内は樹木に溢れ、バニヤン巨樹が屹立する。学校と大学敷地を廻って小道が走り、クリシュナムルティが毎夕長い散策をしたことで知られる。構内は清勝と平安の気に満ちている。そしてスレンドラナート・カー卿設計の集会堂は、初等・中等学校のすべての教室の中心に位置し、二十世紀ネオインド様式建築の傑作とされている。同卿は、ノーベル賞受賞詩人ラビンドラナート・タゴールのために、シャンティニケタンの建物群を設計したことでも有名だ。

・・・

クリシュナムルティは、インド滞在中ほぼ毎年ラジガート校を訪問し、その広々とした素晴らしい講堂で、講演会や討論会を行った。*"Krishnamurti at Rajghat"*（未邦訳）には、そこで行われた講話が、また *"Life Ahead" "Think on These Things" "Krishnamurti on Education"* 等には、生徒たちとの対話が収められている。教師たちや招かれた学者たちとの少人数討議は、クリシュナムルティの起居するゲストハウスの中の大きな部屋で行われた。なお、ラジガート校は、ガンガーの最端ガートのケシャヴ・ガートの真西に位置する。

　ある昼下がり、我々はラジガートからハヌマン・ガートまで、約一マイルの舟旅をした。クリシュナムルティも同行した。荘厳の気が漂い、片雲はあるものの日輪は輝き、心地よい。玲瓏（れいろう）たる川面は壮麗でさえある。小舟をいくつも遣（や）り過ごし、ハヌマン・ガートまで下り、河岸より階段を昇った。幾多の巡礼者たちが沐浴し、祈祷と帰依を捧げている。河岸から街に通じる路地に入ると、多くの物乞いたちが狭い路地の両脇に座り込んでいた。その時、私はクリシュナジの後ろに付いて歩いていた。

　一人の若く浅黒いサドゥー（宗教的探究に生涯を捧げ、放浪する苦行僧）が路地脇に座っていた。終日、そこに座り続けていたのだろう。眼は閉じられ、多少、峻厳（しゅんげん）の風が感じられた。禁欲生活を送り、腰巻を纏い、身体は塵埃に汚れ、その長髪は束ねて結わえられていた。クリシュナジはそのサドゥーの前に立ち、暫時、目を遣った。その行者の眼を開かせたかったようだが、行者は眼を瞑ったままだった。クリシュナムルティは再度行者に目を遣り、囁くように呟いた――「さあ、行こう」。クリシュナジは、行者がその苦行から離脱することを希ったのかもしれない。苦行はどこへも導かないから。実際、そのサドゥーはすでにかなり憔悴し衰弱しているように見えた。我々は歩き始めたが、この出来事に気付いた人はいなかった。

・・・

一九五〇年代、クリシュナジはヴァラナシの学校で一時間余すところなく講演をしていた。ある講演の終わりに、威厳ある高僧が立ち上がり、クリシュナムルティに、「三つの道[39]」についてどう思われるか、と訊ねたことがあった。

クリシュナムルティは、間髪入れず返答した。「わが為す業はわが愛の発露にして、畢竟悉くわが智に帰す」と。

三つの道、すなわちジュニャーナ・ヨガ（認識と瞑想）、バクティ・ヨガ（帰依と恭謙）、そしてカルマ・ヨガ（報酬や結果を求めず、本分を尽くす行為）が、クリシュナムルティのこの一句の中に渾然一体として統合的に表現されている。すべてが正に圧巻の一幕だった。

かつてアチュットジが、ラジガートでの出来事を語ってくれた。ジャイナ教のムニ（戒律に厳格に従う苦行僧。ジャイナ教は仏教と同期のインド起源宗教）がいたが、彼は毛髪をその毛根から引き抜くといった荒業を含め、さまざまな苦行を経験してきた。神と真理を求めて禁欲的かつ苦行的生活を送ってきたのである。途方もない時間が、サダナ（真摯かつ長期にわたる霊的修練）に捧げられ、幾年にもわたり、聖なる梵行の日々を送ってきたのだ。真理と神の探求のみが彼の人生の目的だった。誰かがクリシュナムルティの存在を告げたのだろう。そして彼はラジガートにやって来た。僧はクリシュナムルティの前に身を投げ出した（インドにおいて最高の敬意を表す伝統的所作)。アチュットジが両者の会見を手配し、その僧はヒンディ語以外解さないので、通訳の労も果たした。

少し話しただけで、その修行僧は高次のエネルギー状態に達してしまった。対話が進むにつれ、さらにアーナンダ(霊的法悦)の状態に達し、涙が頬を伝って流れた。彼は、クリシュナジの前に跪拝(きはい)し、その涙がクリシュナジの足に零(こぼ)れ落ちた。そして、その貴重な体験に感極まり、すべてはクリシュナムルティのお陰だと告白した。この体験のすべては、クリシュナジの慈悲、臨在、祝福によるものであり、独りではあの至福の状態を再体験できるかどうかは分からないと付け加えた。その修行僧は、クリシュナムルティの恩寵の下、その体験を自己の一部として永遠に保持したいと望み、答えを待った。

クリシュナジは反問した。「その質問をしているのは誰か? 経験を獲得し保持したいと思っている主体ではないのか?」

その問いを聞き、僧は再びサマーディ(無限への自己没入)、そしてアーナンダ(至福）の境に入り、しばらく静寂裡に座り続けた。

その僧はその経験を永続ならしめようとする欲望の正体が自らのエゴに他ならないことを悟り、経験そのものはそのエゴが存在しない時にのみ現成することを感得した。それは、モクシャ（最後の身体的存在死滅後、生死の輪廻から解放され、無限の中に帰融すること）の瞬間であり、再現できるようなものではないのだ。その僧は頴敏であり、このことを瞬時に観取した。僧は立ち上がるや、クリシュナジの前にひれ伏した。やがてアチュットジに連れられ、部屋から出て行った。アチュットジは、実にこのクリシュナジと修行僧間に起こった出来事の真実と福音の証人となったのである。

アチュットジは、さらに「私も同席したのだが、残念ながらその僧が経験したような至福の経験には与れなかった」と呟いた。

「おそらく、横溢した聖なる奔流がクリシュナムルティを通して、その祝福された僧にも及んだのだろう」とアチュットジは、最後に付け加えた。

サニヤス

遊行期——大海

ナラヤンは、一九七一年から一九七七年初頭まで、仕事と生活の拠点を英国に移した。一九七六年、バラスンダラムの引退に伴い、クリシュナムルティとKFIは、ナラヤンを再度インドに招き、今度はリシ・ヴァレー校校長として再登板の運びとなった。ナラヤンは一九七七年三月、リシ・ヴァレーに赴任した。後にリシ・ヴァレー教育センターの初代センター長に就任し、一九八七年まで校長職と共に留まった。一九八〇年、リシ・ヴァレー校は、初めてインド・パブリックスクール協議会年次集会の主催校となり、全インド五十以上の優秀校校長らが、同校およびクリシュナムルティの教育的取り組みの独自性について学んだ。

その間、ナラヤンが、新たに二個のKFI校、バンガロール・ヴァレー校とマドラス校の創立準備に果たした役割も大きい。またアンドラ・プラデシュ州政府を説得、学校食堂裏の百五十エーカーの乾燥灌木地を植林のために借り受け、敷地内の人造湖周辺に自然を復活させた。その植林事業が契機となり、核として渓谷全体の植林に繋がり、やがて鳥類保護区に発展していく。またナラヤンは、KFI・KFA学校教育者のための基金調達網や会議を組織すると共に、地域教育センターの運営にも力を尽くした。ナラヤンは、いくつかの会議で、KFI校がそのさまざまな教育施設で探究している教育的方策についても言及している。

またナラヤンは、クリシュナムルティを補佐するために、講演や対談の行われる英国、米国、スイスのザーネン等を訪れている。彼はチットゥール県のパルマネル――プンガヌール街道沿いに居を構え、ＫＦＩの静修センター（リトリート）運営にも参画した。何よりも特筆すべきは、クリシュナムルティの教えに深く傾倒し高い教養を有する教師たちをこの渓谷に呼び寄せ、彼らの多く（その中には現リシ・ヴァレー校校長も含まれる）が同地に腰を落ち着け、学校を新たな段階に押し上げるのに貢献したことだ。

シャクンタラはブロックウッドでそのまま仕事を続け、高校に編入したナターシャの面倒を英国で見ることを望んでいたようだ。ナラヤンがクリシュナムルティの教えに深く傾倒した多くの真摯な人々と知り合ったのもこの時期だと言える。メアリ・ジンバリスト、デイヴィド・ボーム、フリードリッヒ・グローエ、メアリ・ルティエンス、エルナ・リリーフェルト、エヴリン・ブロウ、高橋重敏等々の諸氏だ。ナラヤンの人生は、今やリシ・ヴァレーの生活と全く一つになり、それは彼が校長職を退く一九八八年まで続いた。

・・・

一九八〇年、クリシュナムルティは、アディカラム博士[40]はじめ旧知の人々たちの招聘により、スリランカを訪問した。スリランカは、テーラヴァーダ仏教徒が大多数を占めるが、ヒンドゥー、ムスリム、キリスト教徒等の大きな団体も存在する。クリシュナジは、スリランカ政府の迎賓館に四週間滞在し、コロンボで講演を行い、小人数の会合や会見の場を持ったりもした。KFIのメンバーの多くも同行し、アディカラムは我々のためにコロンボのラーマクリシュナ・ミッション[41]の部屋を用意してくれた。我々は、インド洋に面した三階建屋舎の清潔な部屋に滞在することができた。出家僧多衆が安居し、ミッション敷地内には併設されたヒンドゥー寺院もあった。

アディカラムは毎朝、クリシュナジに会うためにゲストハウスにやって来た。その後、ランチを共にし、クリシュナジを講話会場まで案内する。またクリシュナジは、ジャヤワルデネ大統領やプレマダサ首相の招待を受け、表敬訪問も行った。

滞在中、クリシュナムルティと共に、我々もしばしばランチのために政府のゲストハウスに招かれた。ある時などはスリランカ大学の副総長も参席した。副総長はクリシュナジ、そして自身の前任のアディカラム博士に最大の敬意を表した。アディカラムは彼の偶像であり敬慕すべき先達とのことだ。

ランチ時の会話の中で、その副総長はクリシュナムルティの方を向き、インドおよび海外のＫＦＩ校等の多年にわたる教育的営為の結実や如何を問うた。ついに、クリシュナジは「新しい精神（new mind）」に言及し、参席者の中には、その教えが生徒たちの精神にも心情にも深く浸透し、生徒の中にも悟得者が何人かは誕生したものと予想し、その趣旨の発言をした者もあった。

クリシュナジは即答した、「一箇半箇もなし」と。

五十年にも及ぶこれら学校を通した教育的営為の果てに、生徒たちは依然として自らの社会的成功にのみ関心を示し、出世競争に明け暮れ、挙句の果ては競争と腐敗に満ちたこの社会の中に取り込まれてしまう、という冷厳な現実をクリシュナジは見ていたのである。

私は恥ずかしさのあまり穴があったら入り隠れたかった。その場にいた私たちこそ、インドや世界各地のクリシュナムルティ財団が管理する学校の教育的活動に携わる当事者だったのだから。

・・・

クリシュナムルティは、週に二、三日、朝食の後に三十分ほど、生徒たちに講話するのを常とした。リシ・ヴァレーでは、年長の青少年は、御影石でできたマンタパム[42]風の大きなホールに座って傾聴する。高学年の生徒たちは対話集会には参加せず、しかも人生に対して多少懐疑的になっており、クリシュナジの講話よりは、自らの学業や当面の試験の方が重要になっているありさまだ。年少の生徒たちはいまだ溌溂（はつらつ）としており、クリシュナジにさまざまな質問を投げかける。その姿は自発性に富み、見る目にも楽しい。

ヴィナヤク――八歳の少年――が、クリシュナジに「神を見たことがありますか？」と訊ねたことがあった。

クリシュナムルティは反問した――「瞬間から瞬間、絶えず大地に降り注ぐ陽光を、君は観たことがありますか？　全地を照らし、人類を含むすべての存在を掬育（きくいく）するその色彩と豊饒を？」と。

・・・

クリシュナムルティは、折に触れ、講話の前に生徒たちに背骨を立て足を組み静かに座ることを求めた。高学年の一生徒が「なぜそのような姿勢で座らなければならないのですか？　好きなように座っても良いと思いますが」とクリシュナジに質問した。ところが、クリシュナジが答える前に、九歳の少女が即答した。「背骨を立てて座れば、エネルギーの集中が図れ、注意力も高まり、ことさらに努力することなく学ぶことができるからよ」。一同、その名答ぶりに呆気にとられた。クリシュナジは質問した生徒に、少女の言ったことが分かったかと確認した。その回答にそれ以上付け加えるべき説明は必要なかったからだ。クリシュナジは生徒たちに、眼を閉じ、眼球の動きも止め、静かに座り、数分間、さまざまな音声にそして沈黙に耳を傾けることを勧奨していた。

・・・

夕刻の散策の際、話題が音楽に及ぶや、クリシュナムルティは指摘した。ラジガート校やヴァサンタ・ヴィハールで聞いた集団詠唱[43]、学識ある「ヴェーダ[44]」学者たちによる詠唱を聴けば、詠唱と詠唱の間に休止がなく、空隙(くうげき)なきままに詠唱が続いたことに気付いただろう。詠唱全体が沈黙に包まれ、詠唱そのものが沈黙と融合しているのだ。

クリシュナムルティは私の方を振り向き、高学年の学生たちはなぜ真摯さを失い、討論会等に参加しないのか、問い質した。彼らは、試験や今後の研究、就職等にのみ関心があり、社会からは成功者と成るべく絶えず強い圧力に曝されている旨を答えた。親たちは成功と報酬にのみ関心があり、生徒たちも次第に創造性も自発性も失っていく。腐敗し、無慈悲なまでに競争的な社会に脅かされ、さらにインドの貧困と失業の亡霊に怯え、結果、彼らは栄達と成功だけを目指すようになるのだ。

ここで端無くも、この腐敗した社会で未来ある者たちを教育することは可能かという問いを提起したプラトンを想起するが、クリシュナジも、高学年になるにつれ、生徒たちは人生に対して真摯さを失い、社会の条件付けをすでに十分受けていると感じていたようだ。

私はクリシュナジに、リシ・ヴァレー校のみならずいかなるKFI校からも、新しい精神を有する人間は出現しないかもしれないという危惧を伝えた。

それに対し、クリシュナムルティは、微笑みながら「否、これら学校のいずれかから新しい精神は必ず誕生する」と確言した。懸念してはいるが、絶望はしていないのだ。我々の教育的努力の雲間から一条の希望の光が差し込んだ一瞬だった。

・・・

クリシュナムルティと共に散策に出発しようと、旧ゲストハウスを出たところだった。ちょうどその日の午後、リシ・ヴァレーに到着したばかりのマドラスの大学に通っている卒業生が、私の方に駆け寄ってきた。彼によれば、ここ数日、マドラス[45]では豪雨が続き、冠水した道路も多いという。ヴァサンタ・ヴィハールでの講話のために、クリシュナジが近日中にマドラスに行くことも、彼は知っていた。そしてクリシュナジの講話は通常、戸外で行われるため、その年の時ならぬモンスーンと豪雨によって開催が困難になることを心配していた。

私はこの情報を、ゲストハウスの角で待っていたクリシュナムルティに伝えた。彼は、その学生を一瞥し、私は雨の神と契約を交わしているので、ヴァサンタ・ヴィハールの戸外集会は心配ない旨を伝えるように、と言った。その言葉には微妙な諧謔があり、しかも微笑を交えて語ったため、その学生も比喩程度に受け取ったかもしれない。しかし、その際のクリシュナムルティの発言は、その言葉通りのことを意味していたと感じている。

クリシュナジは数日後、マドラスに向けて発った。私も同地の講話にはすべて参加した。天気は清朗で、集会の間、一度も雨は降らなかった。参加した聴衆たちも、何らの不便なく三々五々帰路に着いた。天候は、少なくとも講話後数時間は良好で、時には夜に至るまで晴れていた。何とモンスーンの季節だというのに！

いかなる契約が、クリシュナムルティと自然の神との間に交わされていたというのか？　偶然の一致ではあるまい。その期間はひと月あまりにわたるとはいえ、クリシュナジが講話を行ったのは週末に限られたからだ。ヴァルナ神(ヒンドゥー教の雨の神)がクリシュナジに協力したことだけは確かなようだ。

・・・

学校では、夕方になると生徒たちとテニスをするのを楽しんだ。学校には、ライン・マーカー（コート整備の他、基礎的なコーチもこなす）がいた。彼は敏捷かつ優秀なテニスプレーヤーであり、生徒たちも彼との練習を楽しみにしていた。[46]

ある日、そのマーカーと激しいテニスの試合後、腰の辺りを捻ったことに気付いた。普通は二、三日で治るのだが、この時はそうではなかった。痛みのため、歩き方もおかしくなり、翌日、早朝のクリシュナジの講話をホールで皆と一緒に床に足を組んで座って聴いたのだが、明らかに違和感があった。クリシュナジも気付き、講話後、どこか具合が悪いのか訊かれた。後ほど、クリシュナジに雑誌を届けるため、ゲストハウスに赴いたが、クリシュナジは私の方に真っ直ぐ歩いてきたと思うや、私の腰部を指で軽く押した。階段を降りて学校に戻る途中、腰部の痛みが消えていることに気付いた。あの頑固な痛みが治っているのだ。なんと驚くべき癒しの手の奇蹟！　夕方、クリシュナジに具合はどうかと訊かれた時は、違和感はすっかり消え、今すぐにもテニスの試合ができるほどだと答えた。クリシュナジは穏やかな口調で、その治癒力は彼の両手に由来すると語った。

・・・

一九五九年、クリシュナムルティがヴァサンタ・ヴィハールで病床に臥した時、介抱のため、私も同地に留まった。ベッドの傍らで、私は椅子に座り、読心術のことを考えていた。突然、クリシュナムルティが「面白い話をしてあげよう」と語り始めた。

あるイタリア女性が一匹の犬を飼っていた。女性が散歩しようとすると、その犬もついてくる。次第に女性はその犬の特殊な行動に注目し始めた。女性が花壇や樹木の前に佇(たたず)み観賞しようとするや、犬は周辺に留まり親しげに樹に抱きついたりする。湖水の美と静寂を味わおうとすると、湖水の傍らで待つといった具合だ。このようなことがあまりにしばしば起こるので、女性はその犬が自分の想念を読み取っているのではないかという疑念を覚え、同地の大学教授連に話してみた。教授たちはその犬を見てみようと約束してくれ、翌日女性は大学に犬を連れていき、教授陣の到着を待った。教授陣がそろったところで、その犬は部屋に招き入れられた。部屋には五、六人の教授がいた。ドイツ人の教授がドイツ語で密かに「部屋の隅に行け」と念じると、犬は部屋の隅に行った。他の教授がイタリア語で密かに「机の下に行け」、あるいは「部屋をまわれ」と念じると、犬はその通りの行動をした。残りの教授連もそこに割り込むが、その思念は尽（ことごと）く読まれてしまい、その犬は多くの言語を理解し、各国の教授たちのさまざまな指示に従うように見えた。その後の観察と研究の結果、その犬は、言語化され形象を与えられる前の人間の想念を捕捉していたことが判明した。幾多の言語間の差異などというものは問題にならなかった。なぜなら、その犬は、思考が誕生し言語として結晶化する前の揺れ動く想念のようなものを感取していたからだ。

也太奇（やたいき）（また太（はなは）だ奇なり）、也太奇。クリシュナジは、読心術という言葉にさえならない私の想念を把捉し、このような一挿話を語ってくれたのだ。明らかにクリシュナジは他人の想念を読み取れるのだ！

その二、三年後、リシ・ヴァレーの生徒で名前はクマルという少年が、私のところへ来て、クリシュナジは他人の想念を読めるのかと訊いてきた。誰かからそういう噂を聞いたというのだ。私は、クリシュナジが散策に行く際、直接訊いてみたらと提案した。

翌日、クマルは散策中のクリシュナジに近づき、他人の想念を読めるのか、直接訊いていた。

クリシュナムルティはクマルに「然り」と答えると共に、付け加えた。「ただし、私は濫(みだ)りにその能力は使わない。読心術は、言わば他人の私信を盗み読み、個人の内奥に侵入するようなものだから」。

・・・

シュリ・R・ヴェンカタラーマン[47]は、毎年ヴァサンタ・ヴィハールにクリシュナムルティを訪ねてきていた。当時、すでに古稀を過ぎ、ニューデリーの中央政府で閣僚として内閣の一員だった。

ある時、クリシュナジと食堂に通じる廊下を歩みながら、「クリシュナジよ、貴殿から燦然たる光輝が放たれているのを感じました。後ろを歩いていて気付きました」と語りかけた。クリシュナジは何も言わずに微笑むだけだった。

ある年、晩餐の席で、ヴェンカタラーマンはこう言った。「インディラ・ガンディー首相にこう言ったのですよ。私の眼はすっかり弱くなり、私の許に届けられる書類すべてを読むことはできない、と」。

クリシュナジは親身になって話を聴き、「一体それだけの価値があることなのですか？」と訊ねた。

ヴェンカタラーマンは頷(うなず)いて「はい」と答えた。

ある時、X夫人が、ヴァサンタ・ヴィハールの広い食餐室にいきなり入ってきた。ちょうどクリシュナムルティとメアリ・ジンバリストが朝食を取っていた。夫人は「貴方は首尾一貫していないわ」と言い放った。おそらくクリシュナムルティの教えは理路整然としていない、矛盾があると言いたかったのだろう。

クリシュナムルティは答えた、「一貫性（Consistent）……とは機械的ということ」。X夫人は何も言わずに部屋を出て行った。

その後一度、クリシュナムルティは私に自分の教えが一貫していると思うかどうか訊いたことがある。私は一貫していると思うと答えた。それに対し、クリシュナムルティは、自分の教えの底流には統一性がある、注意深く傾聴する人にはその統一性が識得されるだろう、深く理解するにつれ、相互に関連したその一貫性が立ち現われてくるだろう、と述べた。

かなり前、バラスンダラム博士がリシ・ヴァレーの校長だった頃のことだが、クリシュナムルティは博士に、休暇を取り、少し休むように勧告した。過労ゆえの疲労が目に見えて明らかだったからだ。クリシュナジが休暇を取ることを再度勧めると、博士は「クリシュナジこそ休暇を取るべきです。絶えず世界を旅し、尋常ではない働き方をされているのですから」と答えた。クリシュナジは諭すように語った、「私が配慮すべきは、この身体とかの意識に過ぎない。それがすべてだ。しかるに君の場合、その他に思考、そしてそれに伴う心配や不安といった一切の厄介事を後生大事に抱えているじゃないか」と。

バラスンダラム博士はこの差異を理解した。改めて、クリシュナムルティを自由な人間、膨大なエネルギーに満たされ、思考の罠から解脱した存在として再認識したのである。

・・・

V・ガネサン[48]が興味深い出来事を話してくれた。スワミナタン教授がマハトマ・ガンディー全集を編集した際、視力が弱り、分厚い眼鏡をかけざるを得なくなったそうだ。ガネサンはこの件をマドラスでクリシュナジに伝えたところ、クリシュナジはスワミナタン教授の両眼の上に指を添え、円を描くように触れた。時をおかず、教授は眼の快適さと回復感を得たそうだ。そしてその視力は強くなり、九十巻にも及ぶ記念碑的作品の編集主幹としてその作業を成し遂げるに至ったのである。

・・・

私たちはクリシュナジと早朝の散策で長い歩行を共にしてきた――マドラス、ボンベイ、リシ・ヴァレー、後にはオーハイやブロックウッドで。

ある夕刻、我々はボンベイの街を歩いていたが、道路はバス、車、自転車等の交通機関や歩行者等で溢れかえっていた。クリシュナジは歩道もない道路の端を歩いていた。その時、一台のバスがクリシュナジの傍ら六インチにも満たないそばをかなりのスピードで走り抜けた。クリシュナジは慌てて飛び退き、バスの運転手に向かって「おい、君、私を轢き殺そうというのか！」と叫んだ。我々はその後も歩き続けたが、クリシュナジは道路の左端を歩くため、誰かがその右側を歩いて、ボンベイの暴走バスから彼を守る必要があった。

またある日、我々が道路を歩いていると、巷路脇三フィートと離れぬ建物の三階辺りから清掃に使った汚水の瀑流がいきなりクリシュナジのまさしく面前に降り澆がれた。我々は辛うじてこの汚水を躱した。クリシュナジが見上げると、三階のバルコニーに今しがた汚水を投げ捨てた当の女性が顔を覗かせていた。その女性はクリシュナジと眼が合うと微笑み、クリシュナジも微笑み返した。我々はそのまま歩き続けたが、もう少しで汚水まみれになるところだったにもかかわらず、クリシュナジは何らの憤慨も動揺も感じていないようだった。

一九六九年、ヴァサンタ・ヴィハールが滞在や講話のために使用することができなくなると、クリシュナジは、ジャヤラクシュミ夫人邸に移ったが、その際、クルタに付ける釦等の私物をヴァサンタ・ヴィハールから取ってくるように頼まれた。ところが、当地の担当者は引き渡しを拒んだ。その理由が奮っている。自分はアシスタントにすぎず、自らの判断では何事もできない、というのだ。

クリシュナムルティは私の報告を聞くと、「一体全体、彼は何を言っているのか？個人の私物に対して」と呆れ返っていた。早速電話したところ、当人も心を解き、小さな優美な箱に入った釦を返してもらった。

・・・

クリシュナムルティからこの秘話を聞いたのはリシ・ヴァレーだった。それは彼がオーハイ周辺の山林深く分け入った時のこと。角を曲がると、小熊を連れた灰色熊が目に入った。五十ヤードも離れていなかった。母熊は小熊を傍らの樹に避難させ、侵入者と対峙すべく身構えた。クリシュナジは母熊を一瞥するや、母熊の方に顔を向け、一歩一歩後退していった――「そう、貴女の勝ちだ」と囁きながら。クリシュナジは山岳からオーハイに無事戻り、途上会った森林管理人にこの出来事について話した。管理人はクリシュナジに森林深く単独で入り、危険な目に会われると自分が困ると苦言を呈したそうだ。クリシュナジは子連れの母熊は危険だ、何もしなくても突然襲うことがある、と付け加えた。

・・・

ヴァラナシでの出来事だが、早朝クリシュナジがアーサナ（ヨガの体位）を実修していると、黒い顔のラングール猿が窓のところに来てじっと見つめた儘で去ろうとしなかった。クリシュナジは、サルヴァンガ・アーサナ（完身の体位）の後起き上がり、そのラングール猿と握手し、森に帰るように促した。その手足の毛と皮膚は柔らかく滑らかだった。そのラングール猿は去って行ったが、クリシュナジの関心を惹いたことを明らかに喜んでいた。

ヴァサンタ・ヴィハールの食堂近くに青い花をつける蔓科の植物があった。わざわざ植えられたにも関わらず、成長があまり思わしくなかった。クリシュナジは昼食後、暫時(ざんじ)その前に立ち、葉に触れながら、優しく何か囁いていた。我々は邪魔をしないように静かに見守った。この行事は、一九八四年十二月、三週間にわたる日々の習慣になった。そして悦ばしいことに、その植物は急成長し、瑞々(みずみず)しく繁茂、ついには華麗で大きな花を咲かせるに至ったのである。

そう言えば、数年前、シューマッハー教授の話を聞いたことがある。ヨーロッパのどこかのことだが、優しく愛情を注いで世話をすれば、それに応えて豊かに実を結ぶ葡萄の話だ——通常の二、三倍もの収穫だということだ。

・・・

一九八五年、クリシュナジのリシ・ヴァレー訪問最後の年、一羽のヤツガシラ[49]が毎日のようにクリシュナジを訪ねてきていた。時にはクリシュナジは居室の窓を開き、その鳥は部屋の中にも入ってきた。両者間に何らかの精神的交感があったのは明らかだ。窓が閉まっていると、鳥は中に入れてくれるように嘴(くちばし)で窓ガラスを叩くのを常としていた。

ある日、ゲストハウスでクリシュナムルティ隣席の午後集会が行われている時、例の鳥がやって来て窓ガラスを叩いた。クリシュナジは窓に近づき、今、集会中だから後で子供たちを連れて再訪するように、と優しく鳥に話しかけると、その鳥は喜ばしげに飛び去っていった。

クリシュナジがリシ・ヴァレーを発つ日の前日、鳥たちは再び飛来し、クリシュナジの部屋にやって来た。クリシュナジはその鳥に、自分は明日ここを出発し、部屋は閉鎖され、もはや入ることはできない、と告げた。翌日には部屋は清掃、施錠される旨を伝えたのである。

・・・

クリシュナジはさらに一つの逸話を話してくれた。かつてヒマラヤのラニケットに静養していた時のことだが、野生の虎を見たいと言ったそうだ。そこで、誘引餌として山羊を樹下に置き、虎観察用に樹上にマチャン（展望台）を設置することが計画されたが、クリシュナジは同意しなかった。翌日、独り歩いて森に入って行ったそうだ。森深く歩みを進めると、突然沈黙が襲った。騒がしかった鳥も猿もすべてが押し黙った。何か危機が到来したのだ。クリシュナジの精神はさらに森深く進入することを欲したが、身体はそれを拒絶した。突然、それまでの不気味な沈黙は、再び鳥たちの鳴き声や小さな動物たちの叫び声によって破られた。虎は通り過ぎ、危機は去ったのだ。戻るにつれ、森は再び静寂を取り戻したように感じた。見上げると樹上でラングール猿が一心にクリシュナジを見つめていた——まるでこの人間は何者かと訝り探るように。

・・・

リシ・ヴァレーには、数年間二人の偉大な音楽家が滞在していた。[50]一人はパルガート・マニ・アイヤーである。彼は古今を通じてムリダンガム（インド最古の演奏用打楽器）の名手との評価を得ていた。クリシュナムルティはマニ・アイヤーを高く評価し、その演奏を楽しむ一方、マニ・アイヤーもクリシュナムルティに惹かれていた。マニ・アイヤーは英語を解さず、タミル語訳のクリシュナムルティ講話録を読んでいた。彼の演奏は多くの人を魅了し、歳月の半分はインド各地における演奏に費やされた。一流の音楽家たち——歌手あるいはヴィーナやヴァイオリンのような楽器演奏家たち——が彼の伴奏や協演を求めた。マニ・アイヤーは、南インドの民族衣装、白いドウティに白いジュッバ（無襟半袖の上着）という簡素な服装を常に身に纏い、極めて鋭敏な人間だった。リシ・ヴァレー滞在中に、アーユルヴェーダ療法を受けるためケララ州に赴き、同地の病院で亡くなった。

マニ・アイヤーにとって、南インドの著名な声楽家M・L・ヴァサンタ・クマリをリシ・ヴァレー校のスタッフに迎え入れ、同校の古典歌唱のレベルを引き上げることは、自己の使命とさえ言えるものだった。ヴァサンタ・クマリも演奏旅行のため、インド各地はむろん、時には海外へも演奏旅行を行った。ヴァサンタ・クマリとマニ・アイヤーは、クリシュナジのためにヴァサンタ・ヴィハールやリシ・ヴァレーでたびたび演奏会を催した。クリシュナジは南インド古典音楽に極めて鋭い鑑識眼を有し、その点からも両者を名人として高く評価していた。両名人はリシ・ヴァレーに長期にわたり滞在した。それも彼らがクリシュナジに強く惹かれ、またクリシュナジを偉大な聖哲と見做していたからである。

・・・

リシ・ヴァレーでは、クリシュナムルティは、昼食は旧ゲストハウスで我々と共にするが、夕食は自室でパラメシュワラン（インドにおける長年のシェフ）の給仕を受けるのを常とした。夕刻七時頃、クリシュナジが恒例の散策から帰ってからは、誰も彼を煩わすことはなかった。クリシュナジは八時前に夕食を済ませ、九時半までには就寝する。一九八二年のことだと記憶するが、財団関係者が大挙リシ・ヴァレーを訪問し、何人かがゲストハウスで夕食をとっていた。我々は努めて静粛にし、食事も八時半までに終えるようにしていた。我々のいた会議室の隣室に起居していたクリシュナジに迷惑をかけないように、との思いだった。

ある日、我々スタッフが夕食をとっていると、午後七時半頃だと思うが、クリシュナジが突然食堂に入って来るや、自分の夕食も食堂に持ってくるようにと言い、そのまま私たちと同じテーブルを囲んだ。夕刻のクリシュナジとの散歩後の予期せぬ推移に一同心を躍らせた。

誰かがクリシュナムルティにその教育的営為の目標について質問したが、その問いに対する直接の答えを得られるとは誰も予想していなかった。目的や目標を掲げ、それに向かうという発想ほど、彼に縁遠いものはない、と皆考えていたからだ。

ところが、驚いたことに、クリシュナジはその教育の目標について以下のように列挙しつつ、語り始めたのだった。

一、グローバルな観点――クリシュナムルティの説明によれば、グローバルな観点とは、部分的ではなく全体的な観点を意味する。決して分派的な見方であってはならず、常にあらゆる先入見を排した全体包摂的な視点が必要だ。グローバルな取り組みのみが、二十世紀末に直面する我々の課題を解決できる。すなわち、原子力、有害廃棄物、人口増加、環境汚染、そして戦争といったあらゆる災禍の生み出す未知なる危機のことだ。そして排他的姿勢は必ず偏狭と暴力に行き着くのだ。

二、**人間と環境への配慮**――クリシュナムルティは語る、人間は自然の一部だ。自然が十分な配慮を受けなければ、その過失はブーメランのように人間に帰って来る。緑化と土壌保護が必要だ。生態学者たちは、他ならぬ人類の破壊的本性が生態圏における多数の種の消滅という悲劇を招いたのだと指摘してきた。人間は苦悩し昏迷に陥ってきた。そして究極的に暴力と戦争へと導くあらゆる種類の対立が支配してきたのである。唯一正しい教育と人間相互間の深い情愛だけが、常に求められてきたし、無数の人類的課題を解決できるのである。

三、**科学的探究心を内包した宗教的精神**――クリシュナムルティは指摘する、宗教的精神は単独だが、孤独ではない、人々や自然との交感がある。また、宗教的精神は新鮮かつ無垢であり、創造的情熱をもって即今を探究することができる。科学的精神が事実から事実へと移りながら外から観察するのに対し、宗教的精神のみが事実をそのまま内から把捉し、既知から未知へと横超することができる。最後に、非宗派的で偏見のない宗教的精神だけが新文化を創造できる、と結んだ。

その日、食堂には燦然たる光輝があった。クリシュナジが、なんと午後九時頃まで我々に情熱を込めて語ってくれたのだから。

我々は午後九時半頃散会したが、実に稀有な夜だったと一同改めて思った。クリシュナジが夕食後、部屋から出ることは普段ないからだ。クリシュナジが我々教育に携わる者に対し、全く新しい包括的指針を示してくれたのを、皆が感じていた。

・・・

早朝、クリシュナムルティはヨガ・アーサナを実修する。アーサナは、デシカチャリはじめ何人かのヨガ教師に習った。初期にはサルヴァンガ・アーサナ（肩立ちの体位）とシルシ・アーサナ（倒立の体位）を各々三十分以上実修していた。夕方には呼吸法の訓練も行った。B・K・S・アイアンガーの指導を受けていた時もある。八時半に朝食、その後クリシュナジは世界で起こっているニュースについて訊き、その件に関する多少詳しい説明を受ける。新聞も読まず、ラジオも聴かない。唯一購読していた雑誌は『タイム』だけだ。さらに昔は、『ニューズウィーク』や『リーダーズ・ダイジェスト』も読んでいたようだ。ただし、彼は紛れもない遅読家だった。好んで推理小説――彼の用語によればスリラー小説――を読み、詩集をよく手にしていた。詩人では、特にキーツとシェリーがお気に入りだった。言葉の本来の意味を知りたい時は、語源辞典[51]を参照した。対談の際、クリシュナジが傍らに辞書を置き、周囲のスタッフが辞書を繰り、彼に意味を伝えることもしばしば見られる光景だった。

クリシュナジは、インドでは会見等の後、頭髪や身体全体に適した熱いオイル入りの沐浴――インドでオイルバス入浴法として知られる――を長時間行うのを常とした。

クリシュナジの昼食は午後一時、その後は寛いで過ごす。食卓に招かれた数人の人々と歓談に応じる時もある。午後の休憩後、夕刻五時過ぎに長い散策に出る。ヴァラナシで一度、日射病にかかり、以降直射日光からわが身を防護する必要があり、ヴァラナシでもリシ・ヴァレーでも、朝の講話のため集会堂へ行く際、クリシュナムルティは、常に大きな白い日傘を持ち歩いていた。

・・・

クリシュナムルティは、早朝もしくは夕方に、プラナヤマ（ゆっくりとしたリズムある呼吸法）も実修していた。執筆するのは、午前または午後の二時間休憩後の時間が多い。時には、大陸から大陸へと移動する長距離航空機の座席で執筆することもある。

クリシュナジは、夕刻の散策から帰ると、部屋へ直行する。以降、誰にも会うことはない。

クリシュナジは、普段自室で一人夕食を取る。時に、シェフのパラメシュワランが給仕する。そして、午後九時半頃にはベッドに入る。

クリシュナジは、リシ・ヴァレーでは、当初小さい部屋で起居していた。後に、石柱と天井の付いた広いベランダが加設され、併せて一個の広い部屋に改築された。リシ・ヴァレー最後の年となる一九八五年まで、そこがクリシュナジの起居する居室となった。特大のガラス窓に巨大なカーテンが印象的だった。その窓こそ、ヤツガシラが部屋に入れてもらえるように嘴(くちばし)でノックした窓なのである。クリシュナジは、時にその鳥に話しかけ、彼女は若い息子を連れてきたがっていたようだ。私も、その鳥がガラス窓を嘴で突いているのを一度ならず目撃したことがある。部屋の扉は、会合等の間、通常閉まっていることが多く、扉からは入れないからだ。その鳥にとって、クリシュナムルティは正しく親密なる友だったのである。

・・・

クリシュナムルティは九十歳で亡くなるまでほぼ健康状態を保った。また、常に身体を健康に保つ必要もあった。一年中、次から次へとさまざまな地を旅しなければならなかったからだ——オーハイやヒマラヤにおける時折の静養も含め。ある時などは、休息と静養のためにタミル・ナドゥ州ニルギリ丘陵にあるウーティにも赴いた。しかし、その身体に対する十全の配慮にもかかわらず、花粉症や気管支炎の発作に何年も苦しみ続けた。特に花粉は発熱と空咳を引き起こす。死因は膵臓癌だが、肉体に凄まじい痛みをもたらし、ついにはモルヒネ等の鎮痛剤投与を余儀なくされた。

クリシュナムルティは、オーハイのパイン・コテジでこの世を去った。一九八六年、当時ＫＦＩ事務長だったマヘッシュ・サクセナは、その火葬に立ち会ったのだが、クリシュナムルティの面貌は、微笑を浮かべ、光り輝き、あたかも生きているかのようだったと述べている。また火葬場で、焼かれた遺骨の小片を受け取り、後に火葬場の管理者に返したが、その遺骨は水晶のようだった、とのことである。遺灰は永眠の地米国から空路インド、英国に運ばれた。インドではガンガーに撒かれると共に、その源流の地ガンゴトリや海洋にも運ばれた。遺灰の一部は、米国、英国、インドに三分され、留め置かれた。インドでは、クリシュナ博士と共に我々三名は、アディヤール・ビーチに遺灰を持ち運び、撒灰し、さらに小舟に乗ってベンガル湾にも赴き、遺灰の入った瓶を静かに海に沈めた。後に遺灰の一部はリシ・ヴァレーに運ばれ、リシ・コンダの頂上付近に掘られた小坑に、遺灰壺に入れられ埋納された。

・・・

一九二七年、神智学協会脱会時、クリシュナムルティは言明した。「私の使命は、人間を無条件に自由にすることだ」、また「真理は辿るに途無き王国であり、いかなる特定の方途(みち)によっても到達することはできない」と。

・・・

同じく一九二七年、カリフォルニアのオーハイで行われた講話の際、クリシュナムルティは、自らの詩篇を引用した。

私は〈真理〉、
私は〈法〉、
私は〈避難処〉、
私は〈導き手〉、
そして伴侶にして〈愛(いと)しき者〉。

最後の句に至った時、あたかも恩寵のような小雨が降り注ぎ、鮮やかな虹が渓谷に橋をかけ、輝き渡った。

・・・

その使命を果たすべく、クリシュナムルティは世界中を旅してまわった。インドに限っても、ボンベイ、ニューデリー、マドラス、ヴァラナシ、そしてリシ・ヴァレー等、各地に赴いた。しかも、リシ・ヴァレー、ヴァラナシ、マドラス、バンガロールには学校を設立し、これらの学校は、インドや海外で著名のみならず、現在も目覚ましい活動で知られる教育施設となっている。

クリシュナムルティは、インドでも公開講話や個人面談を行い、討論会に加わった。また、多くの人々の病気を癒した――それについて、語ることは好まなかったが。さらに、世界中で公開講話を行った――スイス、イギリス、そしてアメリカで。また、イギリスのブロックウッド・パーク、アメリカのオーハイに学校を設立し、両校とも現在も瑞々(みずみず)しい教育活動で知られる。

オーハイ、ブロックウッド、マドラスの記録保管庫には、一九六二年に遡るさまざまな地におけるクリシュナムルティの講話記録やテープが共同保管[52]されている。彼は、生涯を通して、アジア、ヨーロッパ、アメリカの諸大陸を毎年旅してまわった。また、オーストラリアも訪問している。

晩年、この巡回旅行は、クリシュナムルティの健康にとって、大きな負担となった。自身も各地の世話人たちも、その健康維持には極めて深い配慮を払っていたが、気候と食物の変化がその健康に悪影響を及ぼしたことは明らかだ。

クリシュナムルティは、少なくとも周囲の身近な人間が変容した個人になることを切望し、常に憂慮していた。この変革が発生しないことに関して、ごく親しい人々には、なぜ悟りが起こらないのか、教えのどこが足りないのか、と問い質し続けた。この問いかけは切実かつ峻烈だった。彼の人々に向けられた慈悲心と説いてやまないその情熱は凄まじかった。しかし、人々にとって、その負託はあまりに重く、〈師〉の苦悩も理解できなかった。すべての人間の背後には、自我というものがさまざまな形で潜んでいるのだ。

クリシュナムルティは、食事の時等、さまざまな機会を捉えて説話を語ってくれた。私の記憶に鮮やかに残っている二つの話を以下に紹介したい。

二人の禅僧が、次の街に向かって歩みを進めていた。その途上、氾濫する河に行き当った。一人の娘が、河を渡れず、畔に佇んでいたが、僧たちに渡河の手助けをして欲しいと頼み込んだ。一人の僧がその娘を背に負うや否や、さっと河を渡りきった。

その後、二人の僧は並んで歩いていたが、やがてそのうちの一僧が「なぜ、貴僧は女人を背に負い、河を渡るようなことができるのか？」と詰問した。なぜなら、戒律では、僧は女人に触れてはいけないからだ。

これに対し、件の僧は「私はその娘を渡った川岸にすでに置いてきた。しかるに、貴僧はいまだに心の中にその娘を抱えていたのか？」と答えた。彼は伝統的戒律に執らわれず、求められた状況に応じて行動できる練達の士だったのである。

・・・

禅の修行道場に一人の禅徒がいた。彼は一刻も早く悟りに達せんものと、何時間も床に足を組んで座禅し続けた――時間の無駄とばかりに、薪割りや調理といった日々の務めは一切せず。師は一瞥するや、二片の瓦を手に、その僧の前に座った。そして大きな音を立てながら、その瓦片を擦り合わせ始めた。さすがにその僧も坐定より起ち、「何をしておられるのですか?」と師に尋ねた。師は「この瓦石を擦り合わせ、磨いて鏡にしようと思うのだ」と答えた。

その僧は笑い出した。「師よ、瓦石をどんなに擦り合せても鏡にはなりませんよ」。

師は、「お前が日々の務めも果たさず、足を組みひたすら座ることで涅槃に到達できるのなら、私だって瓦石を擦り合わせて鏡にすることができるはずだ」と、にべもなく答えた。

僧は静かに立ち上がり、師を礼拝し、本来の日々の務めに戻っていった。

沈黙——大洋

一九八七年、ナラヤンはリシ・ヴァレー教育センター長の職をラディカ・ハーツバーガー博士[53]に譲った。彼女は、リシ・ヴァレーで教務主任としてナラヤンの同僚だった。ナラヤンは一九八八年までは校長職に留まったが、同年、旅行と引退準備のために研究休暇を取り、英国、米国、タイ、そして高橋重敏氏に招かれ日本を訪問した。米国では今では有名になった二季対話集会を新たにオーハイで開くように求められ、日本では仏教学者たちにも会ったようだ。

一九八九年、ナラヤンはリシ・ヴァレーからヴァサンタ・ヴィハールに移ることに決めた。そこでクリシュナムルティ・スタディ・センターとKFIの教育活動に専念するつもりだった。ところが、一九九〇年初頭、ナラヤンは病にかかり、姉のサンジーヴィと過ごすためバンガロールに移った。そこで国立精神健康科学院の医師たちにより軽度の抑鬱症と診断され、外来患者として治療を受けた。そのまま一九九〇年末まで母や妹のインディラとバンガロールで過ごし、一応の回復を見せた。私はこの間、ナラヤンと実に幸せな三か月を過ごすことができた——共に散策し、クリシュナジとその教えについて共に語り合った。しかし一九九一年初頭、ナラヤンは再び鬱症状に見舞われ、新たな療法を要するに至った。この時ちょうど、サンジーヴィとインディラの両姉妹は米国で家族再会を期すべく渡米し、インドには不在であり、ナラヤンはバンガロールに自ら安住の地を見出さなければならなかった。

ナラヤン自身危機の渦中にあった一九九一年四月、旧友バラスンダラムがヴァレー校の敷地内にある小さなコテジをナラヤンの住居にと提供してくれた。当時、バラスンダラムは、ププル・ジャヤカールやアチュットジの助言の下、KFIバンガロール教育センターを引き継いでいた。ナラヤンは、この年から一九九六年まで、この提供された小庵で驚嘆すべき禁欲生活を貫き通した。一九九二年にヴァレー校校長職を継いだサティシュ・イナムダール博士も、ナラヤンの生活に多大の配慮を払ってくれた。その間、ナラヤンは、KFI会合のため定期的にマドラスへ、またネトラ・バンタワの招きにより休息と保養を兼ねてネパールへ、旅することもあった。そして、リシ・ヴァレーを訪ね、執筆し、回想録をまとめた。一九九二年、九四年そして九五年、編者はインドを訪問するたびに、バンガロールの居宅でナラヤン、インディラと幸せな時を過ごすことができた。私たちは、共に散歩し、共に詠唱し、また結婚式に参加し、ナラヤンも多くの人に会った。娘のナターシャもたびたび訪ねてきていた。

一九九六年、ナラヤンの身体は次第に衰弱しつつあった。彼のいわゆる「鬱症状」の暗流圧にもかかわらず、その精神は、十分に慧敏かつ知的な状態を保っていた。彼は、間歇的に襲い掛かるこの鬱状態を忍耐強く耐え抜いたが、医師たちは症状の緩和すらできなかった。彼は私に助言してくれた。いかなる精神的な問題であろうと、決して、絶対に、精神科医や心理療法士の許に駆け込んではならない。そしてクリシュナムルティの言葉を引用して「常識に従え」と。つまり、家族や友人と親密な時を過ごし、長い距離を歩き、見知らぬ土地へ行き、見知らぬ人々と会う。あるいは呼吸やヨガの修練をし、他人に関心を持ち、音楽を聴き、真実の教えを学び、考察する。さもなければ、医師の処方薬に依存する羽目に陥る。医師たちは無味乾燥な臨床治療法にのみ囚われ、さらなる深みには至らず、対症療法を行うしか能がないからだ。彼は、またこういう話も洩らしてくれた。最近は自我滅却の霊的過程が深化しているのを感じる、もっとも、精神科医らの手にかかれば、その表面的判断から治療を要する精神的疾患と診断されてしまうかもしれないが、と。

インディラが一九九六年六月にナラヤンに会った時は、本回想録の出版について、熱意をもって語ったそうだ。また終始穏やかに彼女の来年の訪問まではもたないかもしれないとも語った。もう一人の妹ウマには、死は怖くはない、クリシュナムルティの教えがあるからだ、と従容（しょうよう）として告げたそうだ。実際、ナラヤンの書いた詩には死に関するものも散見され、古いものは一九六二年まで遡ることができる。

一九九六年九月、ナラヤンは浴室で倒れ、股関節を骨折した。治療を受け、手術も成功したが、その身体はあまりに脆くなり過ぎており、回復するには至らなかった。容態は急速に悪化し、一九九六年十月四日午後四時三十二分、ヴァレー校内で永眠した。ナターシャは、事前に連絡を受けており、その最後に間に合うようにロンドンからバンガロールに駆け付けることができた。バンガロールで行われた火葬には多くの友人たちが参席した。ナターシャ、ウマと夫のラマスワミ、故人を最後まで親身で世話し続けたヴァレー校資産管理人のスッブらが、聖なる河カヴェリを、バンガロールの南西八十マイル地点のスリランガパトナムまで赴き、特別の地パシュチマヴァヒニに遺灰を沈めた。十二日後、バンガロールのインディラ宅で追悼式典が執り行われ、多くの友人たちに加え、ヴァレー校、リシ・ヴァレー校の生徒たちも式典に参列した。バラスンダラム、イナムダール、同窓の旧友ミーナカシ、ナイドゥ、ミシュラジ、クマラスワミ等の諸氏と共に、両校の生徒たちが、故人の好んだヴェーダ聖句の詠唱を供養した。遺品の多くは参列者に分与された。クリシュナムルティ財団は、G・サラダとナターシャに哀悼の意を表した。ナラヤンの訃報はインド地方紙に加え、KFI "*Bulletin*" およびKFA "*Newsletter*" にも記載された。訃報は世界各地に届けられ、近親者、多くの友人、生徒たちに深く哀悼された。

ナラヤンは、我々には未知の国、彼自身は少なからず探索を試みたかの国に、旅立って往(い)ってしまった。最後に、私にとっても、クリシュナムルティの教えの不退転の学徒に関する本書を編集する機会に恵まれたことは、まさに天恵以外の何物でもないことを告白しておきたい。

ナラヤン瞑想集

瞑想Ⅰ

自由と秩序は車の両輪のようなものだ。
秩序なきところに自由はない。
秩序は規律ではない。
外部からの強要であれ、
自己強要であれ、規律は規律に過ぎない。
自由な観察、自由な聴聞なきところに、自由はない。
自由がなければ、鳥は飛ぶことはできない。
全ての生物には自由が必要だ、
当然、人間にも必要だ。

自由を見出すためには、
教えてくれる他人に頼ってはいけない。
誰も自由と秩序を与えることなどできない。

自覚——受動的でありながら鋭敏かつ全的注意力を要する——が必要だ。

あらゆる人々が自由あるいは悟りを求めている。ムクティ、モクシャ、ニルヴァーナ等々と呼んで。重要なのは、探求心であり、言葉ではない。

自由は、動機のないときにのみ存在する。

瞑想Ⅱ

過去の教育者たちは、
教育とは、過去に蓄積された知識を子供たちに刻印づけ、
生徒を躾(しつ)けることにより、
特定の鋳型(いがた)に嵌(は)め込むことだと信じてきた。
機械的暗記教育は褒賞と懲罰を従者とし、
子供たちの中に順応を生み出す。
進歩的教育者たちは、
固有の能力と才能を引き出すと称し、
単に表層的研究に基づく先端方法論にのみ関心を示す、
学習への新しい取り組みをもたらすと喧伝して。
教育を園芸に譬え、
子供の心に必要なのは養分であり、

知性と感情の発達には芸術と音楽が不可欠だと強調する教育者もいた。
また、プラグマティズムを唱道し、
子供の健全な全人格的発達の必要のみを声高に語る人たちもいた。

知的な教師なら、時処位に応じて
いかなる教育的手法でも活用できるだろう。
しかし、少数の科学者や哲学者たちが語る
教育の全一包括的取り組みはどうなったのだろうか？

瞑想Ⅲ

教育とは何か？
それが知識や経験の獲得、あるいは記憶の蓄積を意味するならば、
限られた活動に過ぎない。

直感は教育にとって有益だ、
しかし直感は所詮欲望の結果に他ならない。
人は何か正しいことをしたならば、
数日後、それに関する直感があったことを感じるだろう。
そして、それが欲望、恐怖、さまざまな快楽に基づくことに気付くだろう。
直感は情動の所産であり、
通常の言語では自らを表現できない、
言語は感覚レベルだからだ。
それは、感傷的あるいは感情的な男女の場合に特に言える。

あらゆる思考は、直感と雖も、記憶と経験に基づく反応に過ぎない。
直感も思考の一部に過ぎず、すべてを包含するものではあり得ない、
それゆえ直感には限界があり、狭小だ。

洞察が、知識と経験の獲得に基づく直感とは異なるならば、
では、洞察とは何だろうか？
注意力と観察が必要だ。
自我の周囲に築き上げた憂苦と幻想は破砕され、
平安が勝利する。

教育における洞察は、何かを即座に把握することであり、
同時に論理的、合理的、健全であり、真実である。
分析することなく全過程を洞察するということは、
虚偽を虚偽と観取し、
正しい行動に至るということだ。

瞑想Ⅳ

人間は目前の問題にのみ拘泥（こうでい）する傾向がある。
生活のためにやみくもに働く——常に周囲を取り巻く
汚濁、暴力、腐敗に耐えながら。
腐敗とは実に解体を意味し、
社会のこの延々たる断片化の過程のことだ。

世界中で
権力を握る政府と社会が
兵士、政治家、聖職者、そして種々の専門家を量産し、
人間の心を条件付け、操作する。
行き着く先は、断片化された凡庸な大衆、
日々の些末事にのみ没頭する人間の大量生産だ。
彼らは、常に不安、恐怖、苦悶に支配される。

この濁流に逆らい、将来に対する確固たる展望を持ち、
押し潰されずに人生の難題に立ち向かうことは可能だろうか？
部分は重要ではない、瑣末にすぎないと認識できた時にのみ、
そして部分を重要視してきたのは、
他ならぬ自分自身であることを看破した時にのみ、
初めて全体を把握することができる。

部分は否定されるべきだ——部分は虚偽なるものゆえに
——より拡大深化したヴィジョンを得るために。
部分がこのヴィジョンを包含することはあり得ない、
なぜならヴィジョンとは生そのものだからだ。

瞑想Ⅴ

事実に臨むには、その事実が真に一かを確認しなければならない。
事実とはすでに起こったことか、
あるいは現に起こりつつあることの謂いだ。
通常の事実と異なる
本質的事実などというものはない。

事実から我々の目を逸らせるものは何だろうか？
恐怖も一因だろう、
そして注意力をもって観察すれば
恐怖が英知の手足を縛り、その活動を妨げることは明白だ。
恐怖は通常、何かに関連して起こる
――例えば、関係の中で、あるいは暗黒、未知等々に対して。
むろん、身体への直接的危機から生じる恐怖もある。

しかし、大概の恐怖は非合理的で人間の心の投影であることが多い。
妄想は幾多の恐怖の帰結であり、ついには神経症、精神障害に至る。
健全な精神は失われ、専門家の治療が必要となる。

しかし個々の問題は、いかにそれが難問であろうと、
問題自体の中にその解答を内包している。
注意力ある探求——それは、緊張なき観察状態にあることを意味する——は、
問題の本質を開示し、問題の構造そのものの洞察に至る。
この問題自体の内なる開花が発生するかどうかは、
環境しだいだ。
そのような内なる開花が起これば、
思考の残滓なきその自己開花自体が、
解答を開示することであろう。

瞑想Ⅵ

選択なき覚識は、他ならぬ思考の過程に気付くことから始まる。
脳の中で、思考が始まり、展開し、終わる、
そして休む間もなく、再び一連の動きを繰り返す。
脳は人体で最も複雑な器官だ。
選択と二元性がないときにのみ、
思考の過程をその構造そのままに観察することができる。
二元性は対立を生み出すのだ。

選択なき覚識の状態のみが、
抵抗なく諸問題自身に自らを開示させることができる。
注視し傾聴する中で、脳は自身を観察し、
エネルギーは開放され、
意識のより深い領域にまで到達することができる。

それは困難だが、自然発生的だ。
そして脳をその内容物ともども空にしていく過程こそが、
瞑想の始まりなのだ。

新たなことを理解するには、新たな空間を要する。
開花は絶えざる一連の過程であり、
過去に属する経験と共に、経験する主体とはその性を異にする。
開花は即今に花開く――過去の桎梏（しっこく）に縛られることなく。
常に利口な思考は、空隙に滑り込み、
一元なるものを二に分離してしまう。
思考は所詮過去の所産であり、
その働きは、人間を条件付けの轍（わだち）に縛り付けるものだ。
この一連の動きを看破することが英知の働きなのだ。

瞑想Ⅶ

会話の中では、述べられないことのほうが
述べられたことよりも時に重要なことがある。
正しい問いを提起すれば、真の対話が誕生する、
正しい問いは、傾聴の姿勢の中で
問題のさらなる諒解へと導くのである。
これが知性や直感の働きとは全く異なる
英知の働きなのだ。
この英知の働きは、
とりとめもなく動いて已まない思念によって妨げられず、
問題に取り組むことができる。
選択することなく問いと共に留まること、
それ自体が注意力なのだ。
すなわち、問題の本質を意志の努力を要することなく開示する。

次いで黙照の境が生じ、
エネルギーの解放と共に
さらなる対話と洞察の深みに至る道が開かれる。
教師や生徒の中に潜む
この英知の覚醒を促すことこそ
クリシュナムルティ・スクールの目的の一つなのだ。

瞑想 Ⅷ

空なる心は科学的探究心を内包する。
その心は一対の特質、すなわち注意力ある自由、そして受動的覚醒を有する。
空なる心は、先入見を持たず、事実に即したものならば、
いかなるものでも探求する用意がある。
会話が、問答あるいは対話にまで深まる時、
同じ熱意、同じ水準、そして同じ時間を共有する探求が始まる。
これが共感や交感の土台となる。
一団の人々の意識がこの状態に深化した時、
熱心で、開かれ、洞察力に満ちた一体意識が共有され、
幾千の問題に光が投げかけられるのだ。
その意識は、エネルギーの開放を促し、
意識を変容させる――いかに短時間といえども。
それは、傷ついた心を癒し、新たな認識を誕生させる。

自覚の中では何物も排除されないがゆえに、
知覚は日々拡大深化する。
「グローバルな観点」あるいは「あなたが世界だ」といった言葉、
「宗教心」という言葉の真の意味が、その真意を明かし始め、
無執着の心へと導く。
観照し傾聴する営みが、鋭敏かつ繊細なエネルギー源となる。
生こそ常に進化し続け、幾多の困難を易々と乗り越えていくものだ。
例えば、「グローバルな観点」は単なる冗句ではなく、
常に新鮮かつ永遠に尽きざる洞察なのだ。
条件付けが、特定の思想に基づく党派や集団を形成し、
結局は対立葛藤の世界に導くことが照見されるのだ。
そこには普遍的条件である苦悩に関する偉大な洞察がある。
観る者と観られるものとを分かつのは、生ではないことが洞見される。
清澄なる光明が世界に浸透する瞬間だ。
その時、考える主体と客体との間にあった矛盾と対立は消滅する。

原注

インドの伝統では、人生には四つの段階（四住期：サンスクリット語でアーシュラマ／ashramas）があり、すべての人がさまざまな形でこの四住期を通過するとされる。

ブラフマチャリヤ（学生期）／Brahmacharya（一～十八歳）は、学徒として、全生活を学習の喜びに捧げ、規律、純潔、恭謙の生を送る時期である。また、その才能と性向に相応しい職業に必要な技能を習得する時期でもある。

グリハスタ（家住期）／Grihastha（十八～五十歳）は、家長として、終生の円満なる夫婦生活、調和のとれた人生を送る時期である。また、子供を儲け、育て、家庭と社会に対する義務を果たす時期でもある。仕事で現世の成功を収め、肉体的にも精神的にも充実した人生を送ることが望まれる。

ヴァナプラスタ（林棲期）／Vanaprastha（五十～七十歳）は、家長としての責任ある活動から退き、自己の探求に舵を取り、思慮に富んだ知恵を若い人たちと分かち合い、求められる義務を果たしつつも、次第に日々の波瀾から離脱する時期である。同時に、肉体的・現世的欲望を捨て、最小限の所有物に満足し、感情的な執着と欲求から解放される時期でもある。宗教的真理を追求し、賢友を求める時期と言える。

サニヤス（遊行期）／Sanyas（七十〜百歳）は、人生終幕の期間であり、配偶者ともども社会生活から退き、清閑処に隠棲すべき時期である。すなわち、観照・瞑想の高い境地にある人々の只中で、厳しい身体的・精神的修練を伴う修行生活を送るのである。死が避け難く必至ならば、その運命を勇気と謙虚をもって甘受しなければならない。

・・・

1　*Krishnamurti : The Years of Awakening*, by Mary Lutyens (1975)
（邦訳『クリシュナムルティ・目覚めの時代』高橋重敏訳　めるくまーる社）
Krishnamurti : The Years of Fulfilment, by Mary Lutyens (1983)
（邦訳『クリシュナムルティ・実践の時代』高橋重敏訳　めるくまーる社）
Krishnamurti : The Open Door, by Mary Lutyens (1988)
（邦訳『クリシュナムルティ・開いた扉』高橋重敏訳　めるくまーる社）

The Life and Death of Krishnamurti, by Mary Lutyens (1990)
(邦訳『クリシュナムルティの生と死』大野純一訳　コスモス・ライブラリー)
Krishnamurti : A Biography, by Pupul Jayakar (1986)
(未邦訳)

2 Lutyens, *Krishnamurti : The Years of Fulfilment*, chap.20.

3 Lutyens, *Tthe Open Door*, p.149.

4 英語でGidduもしくはJidduと転写されるテルグ語の姓は、giantやjoyの頭子音のように柔らかく発音される。一族はGを使ってきた――Giddu Narayaniahのように。しかし、このGの綴りは、クリシュナムルティとニティヤナンダの養子縁組後、アニー・ベサントにより法的にJに変更された。音声学的にJの方がGよりも適切だと感じていたからだ。彼女の感覚では、Gは普通goのように強く発音されがちなのに対し、Jの発音にはそのような曖昧さがない。
テルグ語のJidduの一つの意味は「厨房油」。アンドラ・プラデシュ州の南部地域には、厨房道具や食品にちなんだ名の村がいくつかある。それゆえJidduもしくはGidduという姓は、先祖代々の村名だったものが、後に家名となったものと思われる。

5 テシダール（tehsildar）は、その役職・地位上から見て、英国あるいはアメリカ合衆国の州郡の広域地を管理する行政官もしくは徴税官に比定される官職。

6 『マハーバーラタ（*Mahabharata*）』は、ヒンドゥー・インド三大サンスクリット叙事詩（『ラーマーヤナ（*Ramayana*）』『バガヴァータ（*Bhagavatha*）』と共に）、世界文学の中で最長の詩篇と言われている。

7 G・サラダは、シヴァラムの妻。現在九十歳を過ぎ、末娘のウマ・ラマスワミ、その夫E・A・ラマスワミと共にバンガロールに暮らす。サラダは一九一七年、十一歳で結婚した。家庭教師を買って出た舅親ナラヤニアの薫陶を受け、サラダはテルグ語や英語の本の熱心な読書家になり、タミル語も学んだ。九人の子宝に恵まれ、うち八人が生存。舅親ナラヤニアの最晩年を世話し、生涯を通して多くの近親者の面倒を見た。特に長い抑鬱（よくうつ）期を送った二人の子供に対しては、倦（う）むことなく介護に努めた。彼女は、並外れた活気と慧敏さを有する女性であり、その尽力なくして家庭は成り立たず、家族も生存を全うすることはなかっただろう。

一九二二年、初めてクリシュナムルティとニティヤナンダに会って以来、再びクリシュナムルティに会うのは一九五二年となる。それは劇的な出会いであり、以降一九五三年から一九八六年まで、マドラスのヴァサンタ・ヴィハール、リシ・ヴァレーと、所を択ばず、クリシュナムルティと会う機会を逃さなかった。彼女は、マドラスやバンガロールで行われたクリシュナムルティの講話や対話集会に三十年以上にわたって参加し、その著作の熱心な読者だった。ヒンドゥー叙事詩や神話のみならず、英文学の古典的作品にも、その読書の射程は延びていた。そのアーユルヴェーダ知識の蘊奥は、インド薬物学の広範な研究に基づくと共に、一家と親しかった賢哲サダナンダスワミとの交流も与って力があった。彼はシヴァラムとサラダに、植物や稀少鉱物からなる秘薬の製造や処方を指導したと伝えられる。クリシュナムルティも、マドラス滞在時には折に触れ、サラダ処方の薬剤を服用していた。クリシュナムルティ自身も、サラダとの面会を楽しみにしており、主な話題は霊性に関する事柄や家族の事だったと聞いている。かつてクリシュナムルティはナラヤンとウマにこう語ったそうだ、「君たちの母上は、君たちすべてを併せたよりも遥かに知的だよ!」。アメリカ・クリシュナムルティ財団（KFA）、インド・クリシュナムルティ財団（KFI）、そしてクリシュナムルティ信託財団（KFT）のスタッフたちも、サラダに会った人なら等しく心底から敬意の念を抱くような人柄だった。また善悪という永遠の問題に対する彼女の倫理的洞察は、非凡かつ独自であったことも付け加えておきたい。

8 クリシュナムルティの一九二九年八月三日、オランダのオーメンで行われた「星の教団（the Order of the Star）」解散宣言に伴う「真理は途（みち）なき王国（Truth Is a Pathless Land）」演説。

9 アチュット・パトワルダン、通称アチュットジは、現代インド三〇年代から八〇年代にかけて著名な人物だった。そのインド解放闘争への献身は長く、伝説となっている。同時に、クリシュナムルティとの親密な交遊は五十年以上にもおよび、比類のないものだ。この交遊は、インド独立の際、一切の政治参加への放棄という結論をもたらし、ネルーやジャヤプラカシュ・ナラヤンといった当時の指導的人物たちを狼狽と困惑の淵に投げ入れた。彼はネルーと共に中央政府の一翼を担うと共に、民主的かつ世俗的新国家を建設する上で、若者たちの良心の声を代表する人物と見做されていたからだ。鋭利な学究者であり、英語・マラティ・ヒンディ諸語を見事に操ると同時に、貧しき者、虐げられし者に深い関心を注ぎ、社会奉仕活動にも尽力した。一九四八年のラジガート教育センター立上げから枢要（すうよう）の務めを果たすと共に、KFIのサヒャドリ校設立のための土地と資金を獲得する等、主たる推進者として活躍した。人を魅了してやまない人柄、すべての人に温和と親愛をもって接し、驚嘆に値する同情心の持ち主だった。ナラヤンは四〇年代後半に、マドラスのテニス仲間を通して知り合ったが、その人はアチュットジと独立闘争の同志だったそうだ。アチュットジはナラヤンの極めて親密な友であり、ナラヤンに対し、無条件の助力と支援を惜しまなかった。

10 ラタンシ・モラルジは、一九三〇年代から一九五〇年代にかけて、ボンベイでクリシュナムルティを接待、世話した古くからの旧友。

11 F・ゴードン・ピアスは、終生神智学徒であり、第二次世界大戦前、マディヤ・プラデシュ州グワリオールにシンディア校を創立。独創的教育者、新機軸の歴史教科書執筆者として、全インド、スリランカで著名。妻のアナスヤは、ヴァラナシの神智学家庭の出身。アナスヤの姉マラティ・ナオロジは、「星の教団」時代のクリシュナムルティ・グループに属しており、伝記にも記載がある。ピアスは、「新教育財団」の一員であり、ビハール州のネトラガート校、タミル・ナドゥ州ウータカムンドのブルーマウンテン校の設立者でもあった。またリシ・ヴァレー校には、同校校長の間、アチュット・パトワルダンの言を借りれば「国際的なペルソナ（風貌）とパブリック・スクールのエトス（精神）」を注入した。リシ・ヴァレー校は、創立者であり初代校長だったスッバ・ラオが一九四八年に退任して以降、約四年間休校状態に陥っていたが、まさに再生の時を迎えんとしていた。当時、スッバ・ラオは、革命的な教育者と目されており、同校も元来は一九三〇年彼によりマドラスから新キャンパスへ移設されたものだった。ニーラム・サンジーヴァ・レディ前インド大統領も、この時代の同校生徒だった。クリシュナムルティはむろん、新編成された「新教育財団」も、一九四八年以来、実行力ある指導者を探し求めてきたが、不首尾に終わっていた。一九五二年、ピアスをスリランカより同校に迎えることにより、やっと一息つくことができたと言える。当時のピアスは、インドのパブリック・スクール運動における革新者としてすでに伝説と化していた。リシ・ヴァレーの等閑にされてきた施設設備は改修・改新が必要であり、同時に献身的な教師陣と多様で才能ある生徒たちを集めることも焦眉の急だった。しかし、この両件共に、クリシュナムルティの教育への取り組みに関心を抱く父兄たちの支援もあり、迅速に達成された。ちょうど発刊されたばかりのクリシュナムルティの"*Education and the Significance of Life*"（邦訳『教育と人生の意義』大野純一訳　コスモス・ライブラリー）は、ピアスと教師陣に深甚な印象を与えた。当時のリシ・ヴァレーは、都市部から遠く離れた辺鄙な田舎に位置し、厳しい生活条件下にあった。その脆弱な財政状態は、教師たちに対し、食事と家具のみ付いた住居の提供以外には辛うじて日々の糊口（ここう）を凌ぐ程度の俸給を支払うのがやっとの在り様だった。この修道院生活のような状況が、ピアスが新機軸を打ち出して以降二十年以上も続いたが、教育の何たるかを熱心に求め、当地に参集する人々にとっては、何らの障壁にもならなかった。

12 クリシュナムルティは、五〇年代から八〇年代に至るまで、ほぼ途切れることなく、年間四、五週間リシ・ヴァレーを訪問、滞在するのを常としていた。リシ・ヴァレーにとっても、クリシュナムルティの到着と出発、そしてあの比類のない講話と対話は、学校最大の行事だった。そしてその存在により、訪問者や真摯な求道者たちが世界中から惹き寄せられるのだった。

13 アスタチャル（落暉観照）は、リシ・ヴァレー校の夕方の日課であり、ピアスがマディヤ・プラデシュ州グワリオール・フォートのシンディア校で一九三六年始めた行事を、一九五二年にリシ・ヴァレー校にも導入したものだ。この行事は、以降、マハラシュトラ州パンチガニのサンジワン・ヴィディヤラヤ校のような寄宿制学校や他のＫＦＩ校二校にも導入された。

14 リシ・ヴァレー教育センターは同校敷地内にあり、クリシュナムルティの教えを学びたい人なら誰でも滞在し、学ぶことができる。近代的な宿泊施設、膨大な書籍や視聴覚資料のライブラリーを完備し、学習者の便宜に供せられる。

15 バラスンダラム博士――バンガロールのインド理科大学院出身の少壮科学者――は、クリシュナジの教えに傾倒、一九五八年から一九七六年までリシ・ヴァレー校校長を務める。博士は猛烈に働き、教育水準の向上、施設の更新、健全な財政の実現等に尽力した。施設拡張を図り、素晴らしい集会堂を建て、最高の舞楽センターを創立した。また、クリシュナムルティの教えに惹かれた多くの傑出した教師たちが世界中からリシ・ヴァレーに参集したことも寄与し、学校に国際的な香りを持ち込むことにも成功した。博士の指導の下、共に働いた教師たちの多くが、KFI校はじめ、インド内外、寄宿・全日校を問わず、優秀校校長として活躍している。バラスンダラム博士はナラヤンを同校副校長とし、クリシュナムルティは「新教育財団」、後にKFIに招致した。後に博士は、KFI初代事務長となり、七十年代マドラス裁判所を舞台に、クリシュナムルティの起居および講話の用に供されるヴァサンタ・ヴィハールの所有権を、KWINCから取り戻す訴訟において、重要な役割を果たすことになる。

16 「挑戦と応答（challenge and response）」。この用語は一九五〇年代、教育界の流行だった。言わずと知れたアーノルド・J・トインビー博士の記念碑的労作『歴史の研究（*Study of History*）』に示された文明の興起と衰退に関する理論に基づく（訳注＝歴史学ではchallenge and response の訳として「挑戦と応戦」が定着しているようだが、ここではより拡大した概念、「機と応」、「問いかけと対応」等々の意味として「挑戦と応答」とした）。

17 旧ゲストハウスは一九三〇年から一九三二年に建てられたリシ・ヴァレー最初期の建築物。バニヤン巨樹とアスタチャル丘の間に位置し、現在はクリシュナムルティ・スタディ・センターおよびライブラリーとなっている。クリシュナジは、三十五年以上にわたり、同館西側の小室に起居していた。教師や来訪者との会談は、その居室に隣接した部屋で行われた。その居室に併設されたベランダは、後に大きな部屋に改装され、会談等に使用される部屋も拡張された。クリシュナジは、厨房に付属する小餐室でランチを取るのを常とした。一階には少数の客室があった。

18 ラジャゴパラ・アイヤンガー、神智学徒にして元鉄道技師。初代校長スッバ・ラオ、マダヴァチャリの親しい旧友。クリシュナムルティ宿泊用にゲストハウスを建てた。通称、テルグ語、タミル語、カンナダ語等で「祖父」を意味するタタ（thatha）。アイヤンガーは、数年にわたり、しばしば渓谷内に天幕を張り、野営生活を送った。その間、灌木を伐採し、道路を通し、井戸を掘り、植林し、橋を架ける、あるいは田畑を耕作し、野菜を栽培する、さらには上下水道システムの構築、リシ・ヴァレー校の主要建築物の設計・普請まで成し遂げた。当初、リシ・ヴァレー信託財団、次いで後継の新教育財団に約四十年間所属した。

19

リシ・ヴァレーは、いわゆる地生態学地域、奇岩石塊、荊棘（けいきょく）類、密集低木の地であり、コブラやさまざまな蛇類の生息地となっている。リシ・ヴァレーの地誌に関する詳細は、『リシ・ヴァレーの鳥たち（*Birds of Rishi Valley*）』（一九九一年、リシ・ヴァレー教育センター刊）参照。キングコブラは、ヒンドゥー教徒にとって聖なる生物であり、通常殺されることはないが、他の蛇類、例えばラッセル鎖蛇や雨傘蛇といった毒蛇類は、ここ六、七十年の間にリシ・ヴァレーから掃滅されてしまった。なお、当渓谷で蛇に咬まれて致命傷を負った人は、五十年代初頭にわずか一名あっただけだ。アチュットジはかつて私にこういう話を洩らしてくれた。アイヤンガーが、かの不朽の大業をリシ・ヴァレーで始める際、クリシュナムルティはアイヤンガーにこう語ったそうだ。自然環境や野生動物の住処（すみか）が損なわれ、動物たちの生が脅かされたとしても、働きあるいは暮らすためにこのリシ・ヴァレーに来る人たちが不安を感じないことが必要だ。だが、動物たちはそっとして放っておけば、人間に何の危害も加えず、この渓谷と調和して生きる人たちは完全に守られているのだ、と。編者も当地で教師をしていた際、ベランダで日向ぼっこをしている蛇によく出くわしたものだ。放っておけば、すぐにいなくなってしまう。実はこれが、クリシュナムルティがアイヤンガーに人間の安全を請け負った言葉の真意なのだと、ナラヤンは私に語った。アチュットジも、ヴァラナシで私に語ってくれた。幾千の行者や聖者たちが、インド各地の辺境の地、山嶽や森林の奥深くで、毒蛇を恐れることなく暮らし続けてきた。彼らは、解毒剤となる薬草の知識を持ち、住居の周囲に蛇の嫌う草木を育てたり、天敵のマングースを飼ったりしていたのだ。

20

ヴァサンタ・ヴィハールは、マドラス市アディヤールのグリーンウェイズ街に位置し、会議室、客室、ヴェジタリアン用厨房に広い食餐堂等、多くの部屋を備えた大きな館である。館の周囲を樹木や小径、池が配された敷地が囲み、クリシュナムルティの講話が行われる樹下には開かれた空間が広がる。同館は、一九三五年クリシュナムルティの用に供するために造られ、後にクリシュナムルティ著作協会インド本部、現在はKFI本部となっている。一九六九年から一九七三年の期間を除き、クリシュナムルティがマドラスに滞在（通常十二月から一月にかけて、一か月程度）する際の寓居となっていた。ナラヤンの場合も、一九五三年から一九九〇年の間、特にリシ・ヴァレー在住の全期間を通して、マドラス滞在の際の定宿となっていた。

21 新教育財団は、一九五〇年代初頭にリシ・ヴァレー信託財団を継承、同時にリシ・ヴァレー校、ラジガート・ベサント校、ヴァサンタ・カレッジ、ラジガート地域センター等を運営管理する責務も引き継ぎ、一九七〇年ＫＦＩに、その機能を全面移譲した。

22 一九八一年の対話の中で、ナラヤンは〈マイトレーヤ（Maitreya）〉という名称の歴史について語ってくれた。この名称が初出するのは、サンスクリット叙事詩『バガヴァータ（*Bhagavatha*）』（紀元前約九〇〇年）の第三篇、第一章と第二章である。同篇の作者は伝統的に、『マハーバーラタ（*Mahabharata*）』の作者とされる聖ヴィヤーサに比定されてきた。次いで「マイトレーヤ」が登場するのは、大乗仏典群（紀元前一〇〇年から紀元二〇〇年頃）の中である。多くの書物や古い大乗仏典には、マイトレーヤ・ブッダ（弥勒仏）は、七番目のゴータマ・ブッダに次いで、八番目に人間界に誕生する仏陀（世界教師）だと書かれている。オルコット大佐——仏教徒となり、ブラヴァツキー夫人と共に神智学協会を創立——が、この概念を「神智学」

に導入し、後にレッドビーターが、クリシュナムルティ登場以前に、救世主の到来とその準備が協会の重要な使命だと、特に高唱した。一九一〇年のレッドビーターによるクリシュナムルティ「発見」、アニー・ベサントによる養子縁組を経て、クリシュナムルティがこの来たるべき救世主の選ばれし器だという教義は、多くの神智学徒によって、急速に受け入れられていった。一九二二年、マドラスにおけるバニヤン樹下の講話で、クリシュナムルティは、自らを通して、ロード・マイトレーヤが語りかけているのだと告げている。二十年代を通じて、〈世界教師（World Teacher）〉の語の方が、〈ロード・マイトレーヤ（Lord Maitreya）〉よりもよく使われた。一九二九年以降、クリシュナムルティは、自らを、ロード・マイトレーヤあるいは救世主の器として語ることはなかった。ただし、ナラヤンやアチュット・パトワルダンによれば、内輪の会話でこの話題に及んだ際、クリシュナムルティは常に沈黙を守ったということだ。パンディット・ジャガンナート・ウパディヤーヤ――パーリ語、サンスクリット語、チベット学等で高名なヴァラナシの大学匠――が、一九八五年クリシュナムルティに言及し、チベット古文献に、来たるべき世界教師はクリシュナムルティだと、名を明記し、予言していることを明らかにした。（M・ルティエンス『開いた扉（*The Open Door*）』参照）。

23 アディヤールのエリオット・ビーチは、一マイルにも及ぶ白砂が連なり、マドラス神智学協会本部の広大な敷地の西境を成している。マドラスの他のビーチは混雑している上、ごみが溢れているのに比し、エリオット・ビーチは、特に夕刻散策するのに絶好の場であり続けた。長年ＫＦＩ会員だったジャヤラクシュミ夫人が、夕方クリシュナムルティを車に乗せ、ヴァサンタ・ヴィハールから道路が尽き砂浜が始まる所までドライブするのが慣習だった。インド最後の日々でさえも、クリシュナムルティは、このビーチの夕刻散策を欠かさなかった。アシット・チャンドマル『一千の太陽（*One Thousand Sun*）』を参照されたし。

24 ジャムナダス・ドワルカダスは、一九二〇年代からのクリシュナムルティの友人。

25 ジャヤラクシュミ夫人はマドラス長期居住者。クリシュナムルティの教えに傾倒、ナラヤンの友人にして、独学の建築家、豪華マンションの設計者、ヴィーナとヴァイオリンの名演奏家、南インド古典音楽家のパトロン、アンティーク彫刻と絵画の蒐集家と、さまざまな顔を持つ。六〇年代後半から七〇年代前半にかけて、クリシュナムルティの世話役を務め、クリシュナムルティ・センター創立に尽力、長きにわたってＫＦＩの一員だった。

26 シヴァカム医師は、神智学協会会長N・スリラム、かの有名なマドラスのカラクシェトラ・ダンス・アカデミーの創立者ラクミニデヴィ・アランデールの姉妹にして、KFIラジガート教育センター長クリシュナ博士の叔母。彼女はまたマドラスやタミル・ナドゥ州の貧しく虐げられた人々への医療奉仕でも知られる。

27 ナラヤンの妹リーラヴァティ――愛情を込めてチンナンマと呼ばれていた――は、美しい少女だったが、一九三〇年代、ナラヤンや他の姉妹や兄弟たちと共に、重い天然痘に感染した。治癒はしたが、チンナンマの顔には深い瘡痕が残った。十二、三歳になるまでは、気にもとめなかったが、その歳に、深刻な抑鬱症状と引きこもりに入る誘因となったようだ。その発症以降、八〇年代半ばまで、実家で母親や兄弟姉妹らに見守られて過ごした。

28 アンジャネヤは、広く信仰を集める猿面の神（マルーティやハヌマーンとしても知られる）であり、ヴァルミキ仙の作とされるサンスクリット叙事詩『ラーマーヤナ』に登場する。アンジャネヤは、不死を得た十二柱の神人の一人であり、勇敢、純潔、謙虚な人々の間で、身を隠して生きるとされる。また、格闘家の守護神でもある。例えば、南インドのチットゥール県ショリンガヴァラムのアンジャネヤ寺院は、多くの参詣人を擁する。人間の心への憑霊に対する除霊の霊験あらたかなことで名高いからだ。おそらく、サラダは、憑霊（ひょうれい）の症候を示す人間がこの寺院に担ぎ込まれ、聖僧らによって正常に戻るのを見たのだろう。

29

サンジーヴィ、クリシュナムルティの母でもあるサンジーヴァンマにちなんで命名され、シヴァラムの長女であり第一子。アカデミック上輝かしい経歴を有し、マドラス大学から最優等（summa cum laude）で数学学位を得た。大学卒業後、結婚していったん家庭に入ったが、七〇年代、ブルーマウンテン校で数学を教えている。ナラヤンが重い病状を示した一九九〇年から一九九一年の際は、バンガロールで我が事のように細やかな看病を施した。サンジーヴィは、現在、ニューヨーク近郊のアマーストで自分の娘と同居して暮らしている。長女は、インド外交局に所属し、現在は米国ワシントンD・Cのインド大使館に勤務している。

30

ルドルフ・シュタイナーは、元来神智学者だったが、「星の教団（the Order of the Star）」が設立された一九一〇年に神智学協会から離脱した。その哲学は「人智学（Anthroposophy）」として知られている。

31

スナンダ・パトワルダン博士は、プーナ（現プネー）の社会学研究者という将来の約束されたアカデミック上の地位を放擲（ほうてき）し、多忙を極める出版業の職を辞した夫のパーマ・パトワルダンと共に、一九七〇年、クリシュナムルティのためにヴァサンタ・ヴィハールを管理し、新たに設立されたインド・クリシュナムルティ財団の処務を担当すべく、新たな道を歩み出した。アチュットジの弟であるパーマもスナンダも共に、四〇年代末よりクリシュナムルティの熱心な聴衆だった。テープレコーダーが導入される前、五〇年代から六十年代末まで、スナンダが、インドで行われたクリシュナムルティの全講話・全対談を速記で書き留め、タイプ打ちして、ＫＷＩＮＣ、後にはＫＦＩに手渡していた。スナンダは、ヒンドゥー教、仏教、宗教学等に造詣が深く、マドラス、ボンベイ、ヴァラナシ、オーハイ等、さまざまな地で為されたクリシュナムルティの討論において、知的で活発な発言で刺激を与え続けた。また、"*KFI Bulletin*"の編集に長年携わると共に、繁忙の間に、クリシュナムルティのインド講話録"*Mind without Measure*""*Within the Mind*"等を編集している。さらには、インドの優れた科学者や学匠たちとのセミナー形式の討論会を組織化する等の活動により、ヴァサンタ・ヴィハールをクリシュナムルティの教えを探究する人々の活動的拠点とすることに貢献した。クリシュナムルティ逝去後、パトワルダン夫妻はプネーに居を移し、プネー近郊のラジグルナガル県のチャス・タルクのビビに位置するＫ

ＦＩのサヒアドリ校設立においても主要な役割を果たした。夫妻の知性、哲学、そして思慮に満ちた提案は、サヒアドリ校を西インド地域屈指の活気あるＫＦＩ校とする上で著しい寄与を果たした。

32 シヴァは、ヒンドゥー神話の中で普遍霊（ブラフマン／Brahman）の三様態のうちの一つであり、始原エネルギー（プララーヤ／pralaya）を象徴する。ついには、ありとあらゆる存在のライフサイクル、個人、国家、世界、そして時代（ユガ／yuga）さえも終焉させる。

33 ナラヤンは私に指摘した。ラフラ博士は、その著作『仏陀の教え（*What the Buddha Taught*）』の中で、仏陀の愛弟子アーナンダへの遺教としてしばしば引用される言葉に対し、通説とは異なる解釈を与えている。多くの仏陀伝では、仏陀はアーナンダに対し、「怠ることなく勉め励み、自己自身の光となれ」と説いたとされる。古パーリ文献からの引用で仏陀が用いたとされる「dipa」という語は、幾世紀もの間、サンスクリット語の「灯明」に関連して語られてきた。だが、実際は、仏陀の用いた「dipa」というパーリ語は、サンスクリット語で島を意味する「dwipa」に由来する。したがって、ラフラ博士によれば、仏陀がアーナンダに語った実際の言葉は、「怠ることなく勉め励み、自己自身の〈島〉となれ」だった。「島」の比喩によって、「非依存性」を意味した、ということだ。

34 ブロックウッド・パーク校は、一九六八年、クリシュナムルティにより、英国ハンプシャーに設立された若い人たち向けの宿泊設備付き教育的コミュニティである。

35 ナーランダは、ビハール州にある著名な仏教修学センターであり、紀元前二世紀頃設立され、紀元十二、十三世紀頃アフガンからの侵入者によって破壊された。

36 J.Krishnamurti and David Bohm, *The Ending of Time* (SanFrancisco Harper SanFrancisco, 1985), chaps. 9 and 10.（邦訳『時間の終焉――J・クリシュナムルティ＆デヴィッド・ボーム対話集』渡辺充訳　コスモス・ライブラリー）。

37 ガート（ghat）は、ガンガーの河岸から水際まで石段を重ね、巡礼者たちがガンガーの聖なる水で沐浴できるようにしたもの。ガートの中には、ヒンドゥー教徒の火葬場となっているところもある。火葬後、その遺灰はガンガーの聖なる水に流される。この習慣は、インドの他の聖河でも行われるが、ヴァラナシの場合は、特に大規模で有名である。ハーバード大学のダイアナ・エックによる『光の街（*The City of Lights*）』には、ヴァラナシの街、人々、寺院、そしてガート等の忘れ難く滋味溢れる写真の数々が見られる。

38 インドのドキュメンタリーフィルム『独り歩む見者（*The Seer Who Walks Alone*）』参照。

39 伝統的ヒンドゥー思想によれば、ムクティ（解脱・自由）に到達するには三つの道のいずれかによるとされる。すなわち、知識の道、信愛の道、行為の道である。その原型はすでに主要ウパニシャド群に見られるが、一般のヒンドゥー教徒には『マハーバーラタ（*Mahabharata*）』の一部を成す『バガヴァド・ギーター（*Bhagavad Gita*）』の中で、初めて明確な形で説かれる。この三つの道は、全インドの十四に及ぶ言語、幾千という聖哲、賢者たちの教えや頌歌、詩篇に通底する共通思想であり、ヒンドゥー哲学すべての学派の中心思想として君臨した。十九世紀のラーマクリシュナ・パラマハンサも二十世紀のラマナ・マハルシも共に、その講話や対話の中で、この三つの道を常に採り上げた。

40 故アディカラム博士は、高位の仏教学匠であり、ロンドン大学で哲学博士号を取得している。仏教哲学に関する多くの書物を著し、スリランカの多くの若者たちに影響を与えた。博士は、長くスリランカ大学の副総長を務め、スリランカに初めてクリシュナムルティ・センターを設立した。クリシュナムルティとは旧知の仲であり、ヴァサンタ・ヴィハールの講演会にもたびたび参加、またさまざまな機会を捉え、リシ・ヴァレーやヴァラナシを訪問、滞在した。その卓越した知識と博識にもかかわらず、謙虚な人柄とすべての人に忍耐と慈愛をもって接する態度で知られる。博士は、またクリシュナムルティの本を現代パーリ語に訳している。現代パーリ語は、古典パーリ語から派生し、インドからスリランカに伝えられた言語。原パーリ語は、仏陀の時代にインドで話された言語で、仏典の多くはパーリ語で書かれている。

41

ラーマクリシュナ・ミッションは、スワミ・ヴィヴェーカナンダによって、その師であり、十九世紀を代表するヒンドゥー聖者にしてベンガルの霊的指導者シュリ・ラーマクリシュナ・パラマハンサにちなんで、創始された百年にも及ぶ世界的教団である。ミッションは、世界中に百以上のセンターを有し、出家僧たちにより、教育、慈善、出版、医療等の事業が運営されている。そのバジャン（祈祷聖歌）は、ＫＦＩ校も含め、多くの学校で聖歌のカリキュラムに取り入れられており、ＫＦＩ校の詠唱の中には、ミッション僧による特別な楽譜に基づくものも少なくない。

42

マンタパム（mantapam）は南インド寺院建築の一部であり、幾世紀にもわたり、宗教的議論の場、あるいは舞踊や音楽演奏の場として、用いられてきた。四方に開け、新鮮な空気と光に溢れたリシ・ヴァレーの集会堂は、六十年代にバラスンダラム博士によって設計・建設され、クリシュナムルティの生徒たちへの講話や対話の場として、また朝礼、会議、公開試験、音楽演奏会等にも使用されてきた。ヴィーナ・ヴィサラクシ、ミーナクシ、シャンカリといった著名な音楽や舞踊の師たちが、付設の教室で教授してきた。サンスクリット語、テルグ語、タミル語等の古典文学から題材を得た古典舞踊劇が、クリシュナムルティの年次訪問に合わせ、二十年にわたり、ヴィサラクシとその姪ミーナクシ、後にはシャンカリによって、バニヤン樹の下で演じられてきた。これらすべてが、生徒、教師、そしてリシ・ヴァレーの地そのものが持つ力の相乗効果により生じた特筆すべき実例と言える。

43

サンスクリット聖句の詠唱は、三千年以上にわたり、ヒンドゥー教の一部であり、途方もない注意力と不断の習練が欠かせない。次第に聖句は四ヴェーダ(原注44参照)より選抜され、渺茫（ひょうぼう）たる時を経て、ヒンドゥー聖職者階級（ブラーミン）は、宗教儀式、聖なる行事の際の聖句詠唱を独占するに至った。ブラーミンは詠唱を聖なる義務と見做し、その様式を保存・保持し、次世代に伝達することを自らの天職として課してきた。一千年にわたり、歴代の王たちや富裕階層の支持・支援を得てきたが、その支援は、詠唱が正しく伝えられた宗教教団に肥沃な土地を寄贈する形で為され、原初の純正さが保持されてきたのである。詠唱は、寺院やヒンドゥー家庭で行われる礼拝、祈禱（きとう）、聖行等の際のサンスクリット聖句の儀式的読誦とは全く異なる梵行である。無数のサンスクリット文献から学校現場で詠唱するのに相応しい聖句が選ばれ、その詠唱はKFI校のカリキュラムに組み込まれたが、他の学校、アーリヤ・サマージ、チンマヤおよびラーマクリシュナ両ミッション、バーラティヤ・ヴィディヤ・バヴァン等の運営する学校でも、同様に教程の一部となったのである。KFI校の詠唱は、非伝統的な形式で詠じられるが、広義のインド音楽の一象徴と見做されている。ピアスがリシ・ヴァレー校を率いることになった時に、アプテにより導入された詠唱は、その後ヴェンカタチャルラム、ナラヤン、ハヌマンタ・ラオ、ウマ・カリヤナラマン、そしてラディカ・ハーツバーガーらの諸氏の尽力により益々充実してきたのである。

44

「ヴェーダ」（「天啓により聴かれたこと」）は最古のサンスクリット文献類。内容は、宗教と祭祀に関する記述であり、四部に分けられる。五百年を超える歳月を経て編まれたのだが、おそらく、その編まれた順序を反映して、以下のように成立した。

すなわち、リグ、ヤジュル、アタルヴァ、そしてサーマである。ヴェーダは、インダス文明崩壊後、インドにやってきた人々の生活に関する情報の宝庫であり、三千年にわたって、世代から世代へと、口伝により伝承されてきた。各ヴェーダの主要部はサンヒター、次いでブラーフマナ、さらにアーラニヤカ、最後にウパニシャドがその終尾を占める。

45

マドラスは、いわゆる回帰モンスーンの道筋に当たる。回帰モンスーンは、十一月から十二月にかけて北回帰線から赤道へと移動し、数時間から数日にわたり猛烈な豪雨をもたらす。しかし、この豪雨こそが、灌漑用の井戸、河川、ダム、湖水の水源となり、アンドラ、タミル・ナドゥの人々が切実に求めてやまない地下水源の補充をもたらしてくれるのである。

46

すべてのKFI校、特に寮制学校の場合に顕著な特色の一つが、身体的教育の重視である。生徒たちは早朝五時半頃起床し、新鮮な空気の中で、ウォーキング、体操、ヨガ、エアロビクス、ダンス、ジョギング等に参加する。課外では、全校生が団体もしくは個人スポーツ——サッカー、バスケットボール、クリケット、テニス、バレーボール、陸上競技、水泳等々——に参加する。夕食後は卓球やバドミントンに興じる生徒も多い。中には、全国学校・大学選手権等で優秀な成績を上げるチームも現れている。ＫＦＩ校では、多くの教師がコーチも兼ね、競技場もグラウンドもよく整地されている。医務室には、経験豊かな看護師と内勤医師が常駐し、保健問題に対応している。一九七〇年代初頭に、アシャ・リー医師が医療体制を刷新し、住民のための地域医療も飛躍的に整備された。リシ・ヴァレーの場合、校内農場で採れた新鮮な牛乳、野菜や果物の他、豆類、米穀、小麦等から得られる栄養が、生徒たちの身体的調和と健康を保持・促進している。

47

インドのさまざまな要人や名士が、クリシュナムルティと会見の時を持った——幾年にもわたり、ボンベイ、デリー、ラジガート、ヴァサンタ・ヴィハール等々で。幾度も会見を重ねた人もいる。これらの人々との会見の模様は、出版された"*Commentaries on Living*"（邦訳『生と覚醒のコメンテタリー』大野純一訳　春秋社）シリーズや伝記類の中に散見される。リシ・ヴァレーを訪問した要人の中には、インディラ・ガンディー首相がいる。また同時期のヴァサンタ・ヴィハールを訪問した要人には、当時のインド副大統領シュリ・Ｒ・ヴェンカタラーマンがいる。ヴェンカタラーマンは、長年クリシュナムルティの講話や対話集会に参加し、インド大統領在任中は、陰に陽にＫＦＩを支援してくれた。その公的人生は、インド解放闘争への参加、タミル・ナドゥ州における労働組合の樹立、州政府大臣、国会議員、インディラ・ガンディー政権下の中央政府閣僚、そしてインド副大統領、同大統領にまで至った。学者にして作家、卓越した演説家でもあった。現在は引退してマドラスに在住。

48

シュリ・ガネサンはナラヤンの親友であり、二十世紀有数のヒンドゥーの伝統を継ぐ霊的導師と目されるシュリ・ラマナ・マハルシの姪孫でもある。シュリ・ガネサンは、タミル・ナドゥ州ティルヴァンナマライにあるラマナ・アシュラムの運営に深く関わってきた。ティルヴァンナマライは、聖ラマナが生き、教え、そして死んだ地だ(アーサー・オズボーンとコーエンの手になる伝記を見よ)。聖ラマナの教えは、五十余年に及ぶ学者や信者たちとの対話をもとに何冊もの冊子にまとめられており、同アシュラムの機関誌『山の径(*The Mountain Path*)』にも定期的に特集が組まれている。スワミナタン教授が長年同機関誌の編集に当たってきた。同教授は、マハトマ・ガンディーの生涯と業績を編集する仕事にも携わったが、終生ラマナ・マハルシの熱心な学徒であり続け、ラマナに関する著作も多い。ナラヤンも、八〇年代末に何度かラマナ・アシュラムを訪ね、また機関誌『山の径』にも寄稿している。そのうちの一篇は、クリシュナムルティの教えに関するものだった。

49 リシ・バレー教育センター刊『リシ・バレーの鳥たち（*Birds of Rishi Valley*）』全編が、ヤツガシラの記述に充てられている。

50 音楽と舞踊は、長年リシ・ヴァレー校のカリキュラムに組込まれてきた。クリシュナムルティは、児童が創造的芸術に触れる機会を持つことに、常に喜びを感じていた。バラスンダラム校長の時代、リシ・ヴァレー校の音楽と舞踊は、おそらく全インドの寮制・私立学校を問わず、学校芸術プログラムとして最高の質を誇っていたと言える。ヴァサンタ・ヴィハールやリシ・ヴァレーでは、南インド古典音楽の演奏会がしばしば開かれ、クリシュナムルティも常に参加した。足を組み座り、静かに音楽を傾聴し、聴衆を観察する。編者は、クリシュナムルティがいくつかの古典曲を口ずさむのを聞き、またナラヤンから南インド古典曲のいくつかを教わるのを見た記憶がある。ジャヤラクシュミ夫人は、南インドで一流と目される演奏家の友人を多く持っていた。その多くが、彼女に招かれ、ヴァサンタ・ヴィハールで演奏をしているが、等しく魂を込めて演奏を披露した。その中で、ヴァサンタ・ヴィハールで特に多く歌ったのがM・S・スッブラクシュミであり、クリシュナムルティも彼女の歌唱を最も好み、演奏会の始めと終わりには必ず敬意を表する礼儀を忘れなかった。実際、スッブラクシュミは、国連でコンサートを開けるという稀有な芸術家の一人だった。ナラヤンがリシ・ヴァレー校校長だった頃、クリシュナムルティの提案もあり、ジャヤラクシュミ夫人が勧誘し、二人の偉大な音楽家が同校に数年間も滞在したことも特筆すべきだ。ハイデラバードのハマディが、ヒンドスタニ音楽学院の音楽家たち―パンディット・ジャスラジやラクシュミ・シャンカールといった人々――を組織して、たびたびリシ・ヴァレーで演奏会を開いたことも記憶に新しい。

51 "*The Oxford English Dictionary*" および Henry Cecil Wyld 編 "*The Universal Dictionary of the English Language*"

52 『無条件の自由（*Unconditionally Free*）』（ＫＦＡ刊）中に、一九二三年から一九八六年に至るクリシュナムルティが講演したすべての地の長大で完全なリストがある。

53 ラディカ・ハーツバーガー博士、サンスクリット学者にしてＫＦＩメンバー。ナラヤンとはリシ・ヴァレー校の教務主任として同僚だった。一九八七年、リシ・ヴァレー教育センター長職を引き継ぐ。一九八六年には "*KFI Bulletin*" の編集者となっている。"*The Future Is Now : Last Talks in India*" を編集したのもラディカだ。リシ・ヴァレー生態系の再生、住民をも含む遠大な教育的事業、そしてインドの他州にも広がった「一

箱の学校（School in a Box）」運動、これらすべてに、博士は責任感を持って主体的に
取り組んできた。

訳者後記

本書は、"*As the River Joins the Ocean—Reflections About J.Krishnamurti*" by G.Narayan（Edwin House Publishing, Inc.,1998）の全訳である。著者のナラヤンは、クリシュナムルティの実兄シヴァラムの長男、即ち甥に当たる。その甥による二十世紀稀代の神秘家・覚者の回想録である。但し、体系的な評伝ではなく、印象記の様な点描、素描の趣きだ。片々たる小冊子ながら、著者の性格の素直で淳良なることと近親者の眼という特殊な視点により、未見の言行や逸話、奇跡譚が語られ、従来の様々な伝記や回想録に伍して、一種独特の価値ある書と考えられる。

なお、訳文中の行あけは原著通り。

書名について。原書名は"*As the River Joins the Ocean—Reflections About J. Krishnamurti*"だから、文字通りは「河川の大海に帰するが如く——

J・クリシュナムルティ回想録」といった風の書名になる。この「一滴水、流水と大河、大海」の比喩は、ヒンドゥー神秘主義のみならず、イスラム神秘主義でも、いわゆる「個我と神、生、いのち」等々の隠喩としてよく用いられる。しかし、日本語書名としては、書肆と相談の上、『知られざるクリシュナムルティ』とした。泉下のナラヤン、読書子の諒を乞う。

私にとって、クリシュナムルティは「悲しみの人（a philosopher of sorrow）」である。喜怒哀楽、人間の情の中で最も本質的なるものを「悲哀」とするならば、正しく人間の悲しみ、苦しみ、その他ありとあらゆる人間存在の本質を自ら抱き、その奥底に達し、そこから大悲、彼の言う compassion が誕生する様は、特殊とはいえ、嘗ての仏陀の如く、人類の一師表たるを妨げない。宋儒ならば「萬物一體之仁」を生きる聖人、宣長ならば「もののあはれを知るよき人」とでも評するだろう。

本文中に、彼が自らの教えが周囲や学校に速やかに浸透せず、真の変革や new mind が現成しないことを懸念するくだりがある。この人にしてかかる悩みがあったかと、感動を新たにした。
〈師の中の師〉よ、貴方の教えに不足などない。完美なること金甌(きんおう)無欠の如し。教えが不足なのではない、不足なのは我等の方だ。否、不足なのではない、余計な鎧を着け過ぎているのだ。

To be vulnerable is to live;
to withdraw is to die.——Jiddu. Krishnamurti
（生は傷つく程に無防備だ。そして退守は死だ。）

いわゆるクリシュナムルティ用語(ターム)について。
〈choiceless awareness〉。〈choiceless〉は、取捨憎愛の念なく、選り好みしない、二元に渉らない、未発等々、「揀択なき」（至道無難、唯嫌揀択）の意だが、ここでは仮に「無選択の」「選択なき」とした。
〈awareness〉は、気づき、覚知、覚識等々の意。百丈の語「鑑覚」（祇如今鑑覚、但不被一切有無諸法管。——『四家語録』）、或いは大珠の引く「内覚」（禪門經云、於内覺觀、如一念頃、即證菩提。——『頓悟要門』）等も参考になるが、ここでは仮に「覚識」とした。

〈alertness〉は、注意、覚醒の意。「瑞巌彦和尚、毎日自喚主人公、復自応諾。乃云、惺惺着。諾。他時異日、莫受人瞞。諾諾。」（『無門関』第十二則）、「われは睡りたれども、わが心は醒めゐたり」（「雅歌」5：2）、「心して目を覚ましおれ」（「マルコ伝」13：33—37）等々が参考になる。

〈passivity〉は、無我、空なる心、絶対他力の意。ここでは「受動的」「受動性」とした。

畢竟（ひっきょう）するに、〈choiceless awareness〉〈alert passivity〉〈passivity〉〈the observer is the observed〉等々は、多名一心、自他・主客・内外等の両頭に渉らぬ境位の修証、即ち過程と結果、方法と証果を同時に示す語と言える。但し、各々その光景と消息は文字通り微妙に異なり、また実に新鮮かつ現代的な表現だ。

日本語訳経緯について一言。

一僧あり。約二十年来音信不通、印度或いは西藏、中国、何処とも行方知れず。昨年、突然に来日の報あり。久闊を叙すると共に、本書翻訳を慫慂(しょうよう)され、一読下、快諾す。即ち、高岡光氏なり。氏は、自称「オカルティスト」、クリシュナムルティ門下の「狂」ならん歟。

最後に、本書紹介・貸与、翻訳仲介等の労に関して高岡光氏に、また編集その他様々なご配慮に関して太陽出版の飽本雅子氏に、感謝の意を表したい。

二〇一四年三月一日　　満五十七歳の生辰に　　玉井辰也

解説

高岡　光

仏教解説書中によく目にする意見がある――「仏陀は神でも超人でもなく、我々と同じ普通の人であった」

これに対して真のオカルティストは主張する――「仏陀は人間の最高進化段階にあり、神的存在と呼べる」

確かに仏陀は、一般大衆の目には普通の人のように生き老い、特別長生きすることもなく死んだと映る。そこで一部の、或いは大部分の自称オカルティストは「インドのヨガ行者の中には、老いずに何百歳も生きた者がいた。また現在もいる。たとえばクリヤ・ヨガのババジ。したがって彼らの方が仏陀より偉大だ」などと思う。これは凡人が陥りやすい大間違いの一つである。仏陀はアヴァターであり、ババジはシッダと呼ぶのが正確で、アヴァターはシッダよりずっと上の存在なのだ。もし、それが必要であったなら、仏陀はババジが赤ちゃんに見える程の超能力を一般人の目の前で使う事もできた。
仏陀は「シャンバラから来た者」と呼べるがババジは、そうではない。

さて、これはクリシュナムルティについての本の解説であった。そこで読者には、以上の文章中の「仏陀」を「クリシュナムルティ」に替えてまた読んでいただきたい。

オカルティズムに興味のない人々には以下の言葉を贈りたい――
「あなたが人間であるなら、クリシュナムルティは無関係ではない。何故なら彼は人間にとって最も重要な事を話しているからだ」

・・・

クリシュナムルティを「知っている」人々の大半が今だに、陥っている、ある重大な誤りを正す為に、ここで英文をいくつか引用したい。

Mahesh Saxena (A former Secretary of the Krishnamurti Foundation,

India) asked him in Rajghat, "Sir, do you deny the Masters ? "
Krishnaji told him, "No Sir, I have never denied the Masters; but Leadbeater and Arundale brought what was sublime to the ridiculous, and I denied the rediculous."

...when Krishnaji was with Dr. Radha Burnier, he asked her, "Radhaji, do you believe in the Masters? "and she said, "Yes, Sir."
He retorted, "No, not like that. You know what it meant to Amma ? She would give her life for it ! Knowing that, now tell me, do you believe in the Masters ? "
Radhaji reiterated "Yes, Sir." to which Krishnaji responded, "Good !"

——P.Krishna.

Reincanation is fact. ——J.Krishnamurti.

英文を引用したついでに、クリシュナムルティを日本語訳でしか読めない人たちには「クリシュナムルティの原典を一冊読むだけの為でも英語は修得する価値がある」と言っておく。

ところで「二十世紀とは何であったか一文章で表してください」と言われたら、私なら「それはヒトラー対クリシュナムルティの時代であった」と答える。

前者については皆知っている。後者もそうなった方が世の中の為に良い。

（前述の文章は本来、この本の前書、後書として書かれたものであるが、編集部の意向で解説となった。前半と後半の文章が円滑に繋がっていないのは、そのためである。本書に関する感想・質問は大歓迎です。）

二〇一四年四月十五日

秩父　久保バレエアカデミー別館（神智学、道果太極舞踊研究室）にて

玉井辰也（たまい　たつや）
1957年、福井県若狭生まれ。京都大学文学部卒。教師、編集、広告、貿易、金融等、様々な職で糊口を凌ぐ。方今、抱関撃柝の徒なり。学は古今に渉り、語は東西に及ぶ。就中、欧州近代諸語、漢・韓等のアジア諸語に通ず。クリシュナムルティ関連では、初期詩文集の翻訳あり（未刊）。尋師遍学の功により、経綸の大略を有するも、未だ志を得ず、陸沈す。

連絡先：㈱アジア・ネットワーク
〒116-0003　東京都荒川区南千住 6-37-1-302
TEL : 03-5811-5431 FAX : 03-5811-5432　E-mail : asianet97@or2.fiberbit.net

高岡　光（たかおか　ひかる）
1949年、東京に生まれる。1969～1981年、20数度のインド旅行を行う。1979～1980年ダライ・ラマ個人事務局の保証によりインドでチベット仏教研究留学と同時にダライ・ラマと個人的な交流を行う。1982～1986年、スリ・ランカでテラヴァーダ仏教研究留学。1970～1982年、クリシュナムルティと個人的な交流を行う。2010年、北京体育大学の太極拳科に留学。クリシュナムルティ・ライブラリー・ベイジン（北京）を某アメリカ人と共に設立。2012年、北京体育大学の気功科に留学。2009～2013年、ネパールの首都カトマンドゥで某慈善事業団体CEOの相談役を努める。（このCEOの紹介で知りあった）元ミス・ネパール・現女優 Jharana Bajracharya に頼まれて、彼女に「古代中国養生法」を指導する。
著書に『クリシュナムルティ・水晶の革命家』（創栄出版）がある。

Krishnamurti Library Beijing（クリシュナムルティ・ライブラリー・ベイジン）
9 Zhao Fu Jie , Dongcheng district , Beijing
E-mail : klibrarybeijing@gmail.com　Phone : 15010447401

知られざるクリシュナムルティ

2015年9月11日　第1刷

［著者］
G・ナラヤン

［編集者］
チャンドラモウリ・ナルシプル

［翻訳者］
玉井辰也

［発行者］
籠宮良治

［発行所］
太陽出版
東京都文京区本郷4-1-14　〒113-0033
TEL 03-3814-0471　FAX 03-3814-2366
http://www.taiyoshuppan.net/
E-mail info@taiyoshuppan.net

装幀・DTP＝森脇知世
［印刷］株式会社　シナノ パブリッシング プレス
［製本］井上製本

ISBN978-4-88469-850-8